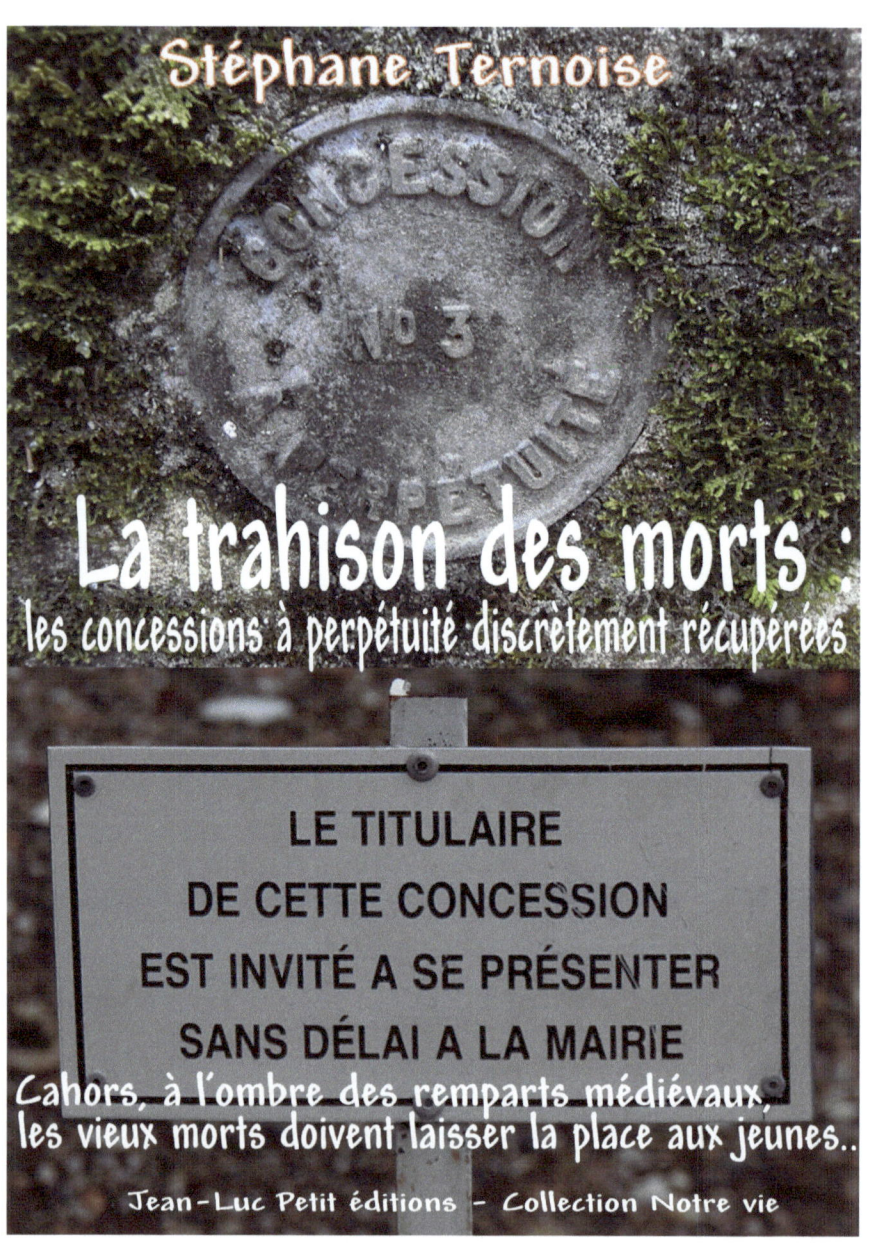

La trahison des morts : les concessions à perpétuité discrètement récupérées

Cahors, à l'ombre des remparts médiévaux, les vieux morts doivent laisser la place aux jeunes...

Du même auteur*

Certaines œuvres sont connues sous différents titres.

Romans

Le Roman de la Révolution Numérique
La Faute à Souchon : (Le roman du show-biz et de la sagesse)
Quand les familles sans toit sont entrées dans les maisons fermées
Liberté j'ignorais tant de Toi (Libertés d'avant l'an 2000)
Viré, viré, viré, même viré du Rmi !
Ils ne sont pas intervenus (Peut-être un roman autobiographique)

Théâtre

Neuf femmes et la star
Les secrets de maître Pierre, notaire de campagne
Ça magouille aux assurances
Chanteur, écrivain : même cirque
Deux sœurs et un contrôle fiscal
Amour, sud et chansons
Pourquoi est-il venu :
Aventures d'écrivains régionaux
Avant les élections présidentielles
Scènes de campagne, scènes du Quercy
Blaise Pascal serait webmaster
Trois femmes et un Amour
J'avais 25 ans
 « Révélations » sur « les apparitions d'Astaffort » Brel Cabrel

Théâtre pour troupes d'enfants

La fille aux 200 doudous
Les filles en profitent
Révélations sur la disparition du père Noël
Le lion l'autruche et le renard,
Mertilou prépare l'été
Nous n'irons plus au restaurant

* extrait du catalogue, voir page 95

Stéphane Ternoise

La trahison des morts : les concessions à perpétuité discrètement récupérées

Cahors, à l'ombre des remparts médiévaux, les vieux morts doivent laisser la place aux jeunes...

http://www.morts.info

**Sortie numérique 12 octobre 2012
Mise à disposition en papier : mars 2014**

Lectrice, lecteur : pour tout envoi de remarques pertinentes (erreurs, fautes), via la page de contact du site **http://www.ecrivain.pro**, je vous offrirai en remerciement un ebook (vous pouvez le choisir dans le catalogue des livres publiés).

Jean-Luc PETIT Editeur - collection *Notre vie*

Stéphane Ternoise
versant Cahors :

http://www.cahors.pro

Tout simplement
et logiquement !... et d'autres

Tous droits de traduction, de reproduction, d'utilisation, d'interprétation et d'adaptation réservés pour tous pays, pour toutes planètes, pour tous univers.

Site officiel : http://www.ecrivain.pro

© Jean-Luc PETIT - BP 17 - 46800 Montcuq – France

Stéphane Ternoise

La trahison des morts : les concessions à perpétuité discrètement récupérées

Une société se juge également à sa manière de traiter les morts.

Qui parmi vous souhaite prendre la place des vieux morts ?
Mais sachez que vous n'y resterez pas !
N'attendez pas des futurs maires plus de mansuétude que de nos élus qui votent et appliquent les lois.
Les places sont chères dans nos cimetières, et même la perpétuité s'abrège le plus rapidement possible.

Les concessions ne se vendent plus "à perpétuité" mais certains l'ont gravé sur leur tombe, ce dernier bien, qu'ils avaient acquis pour leur "repos éternel." Deuxième mort, que cette suppression d'un vieux mort qui n'a même plus droit à une existence de mort. Trahison.
Ce "à perpétuité" photographié au cimetière de Cahors semble voué à rapidement disparaître... Des tombeaux, certains répertoriés par la Région Midi-Pyrénées au titre de notre patrimoine, restent des œuvres d'art, témoins d'une époque où ils étaient pensés pour durer mais ils seront rasés dès qu'ils pourront être qualifiés "abandonnés", notion non définie juridiquement, qui pourrait porter à contestations. Mais il s'agit surtout d'indignation.

Les cimetières s'uniformalisent avec leurs "belles tombes"... toutes pareilles, ou presque... concessions temporaires, trentenaires, cinquantenaires ou "perpétuelles" (le législateur accorde encore cette possibilité aux maires mais il s'agit d'un abus de langage encadré par une cynique législation).

La gestion de ce cimetière de Cahors n'est naturellement pas une exception.
Monsieur le maire applique la loi. Il convient de se débarrasser discrètement des dernières concessions à perpétuité puisque les vivants ont accepté que leur dernière demeure ne soit qu'un transit : nos vies ne valent rien, pas même un mètre cube ne peut nous être accordé à perpétuité sur cette terre.

Ici, à l'ombre d'un mur médiéval préservé, historique, touristique, ce commerce de la place, même au détriment du patrimoine ailleurs loué, revêt quelque chose d'encore plus cynique, ce que met en valeur ce livre d'art, ce reportage lotois.

Un document qui lutte à sa manière contre le désir d'effacer, anéantir, toute trace du passage sur terre des humains.

Les médias relaient l'indignation quand des sangliers, des fanatiques ou décérébrés dévastent des tombes mais évitent ce sujet du remplacement des vieux morts par de jeunes morts, ce lucratif bizness des mètres carrés d'anciens humains.
Pourtant, ce que la loi impose, une autre loi peut le changer. Ce livre est également politique. Les maires appliquent la loi, il faut donc une autre loi.

Stéphane Ternoise
Malheureusement mortel (aurait préféré l'immortalité)
http://www.morts.info

Il ne s'agit pas d'un inventaire. Juste une visite.
Je vous l'avoue : j'ai découvert assez récemment ce commerce dans les cimetières.

Avant de parcourir la région ès photographe, je rentrais rarement en ces lieux.
Mes seules cimetières avaient été ceux de villages où les maires semblent encore respecter les morts.

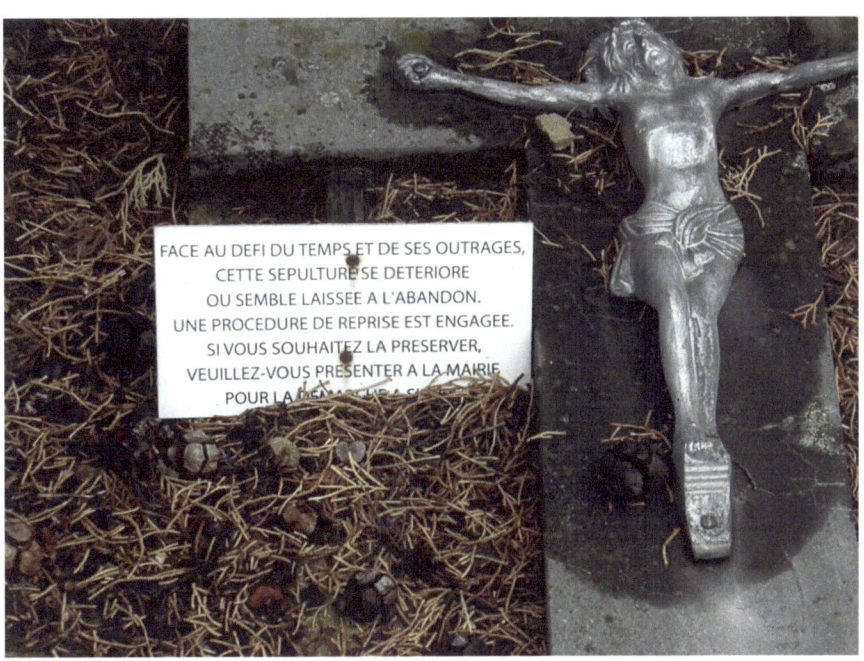

Dédicace aux mortels :

À

- Monseigneur Norbert Turini, évêque de cahors.

- Gérard Miquel, Président du conseil général du Lot et sénateur.
- Jean-Marc Vayssouze-Faure, maire de Cahors.
- Martin Malvy, Président du conseil régional.
- Dominique Orliac, députée du lot.
- Maurice Faure, ancien maire de Cahors et ministre, figure lotoise, né en 1922.
- Michel Roumegoux, ancien maire de Cahors et député.
- Marc Lecuru, ancien maire de Cahors.

- Maurice Scellès, qui notait, en décembre 2002, pour le patrimoine Midi Pyrénées, au sujet de ce cimetière : "*l'état de certains des monuments les plus anciens, comme le tombeau de Ch. de Regourd de Vaxis, montre qu'il y a parfois urgence à envisager des mesures de conservation, alors même que certaines concessions perpétuelles sont en voie d'être déclarées abandonnées.*"

La porte Saint-Michel

Elle ouvrait la route venant de Mercuès et Bordeaux.

Une poutre coulissante verrouillait ses vantaux de bois.
Des archères et un assommoir (une ouverture au dessus du passage permettant de balancer des projectiles sur les assaillants) défendaient ce point stratégique.

Sur près de trois cents mètres, subsiste la plus importante muraille médiévale conservée par la ville, d'une épaisseur d'un à deux mètres, avec archères.
C'est derrière ce mur que se situe le cimetière.

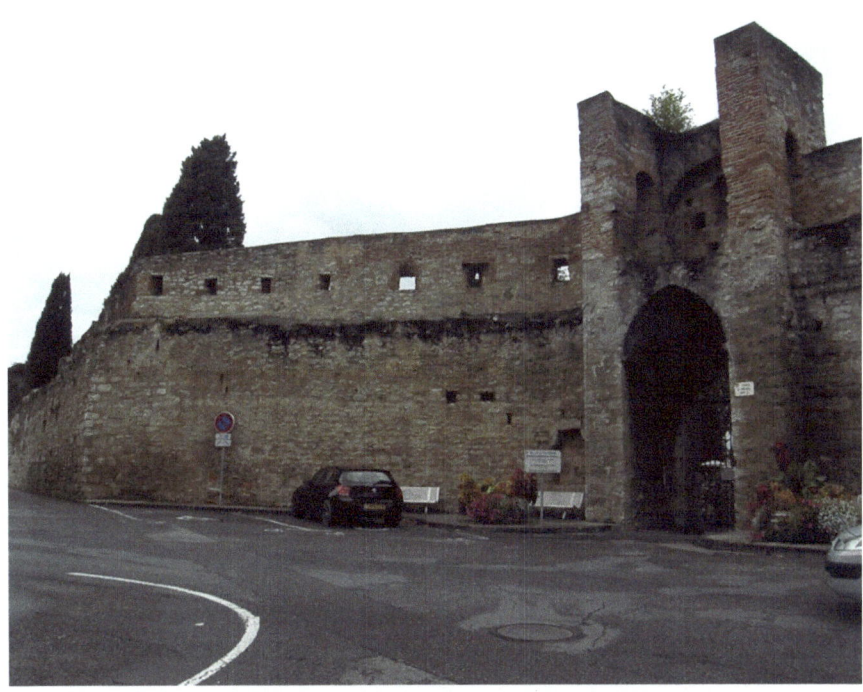

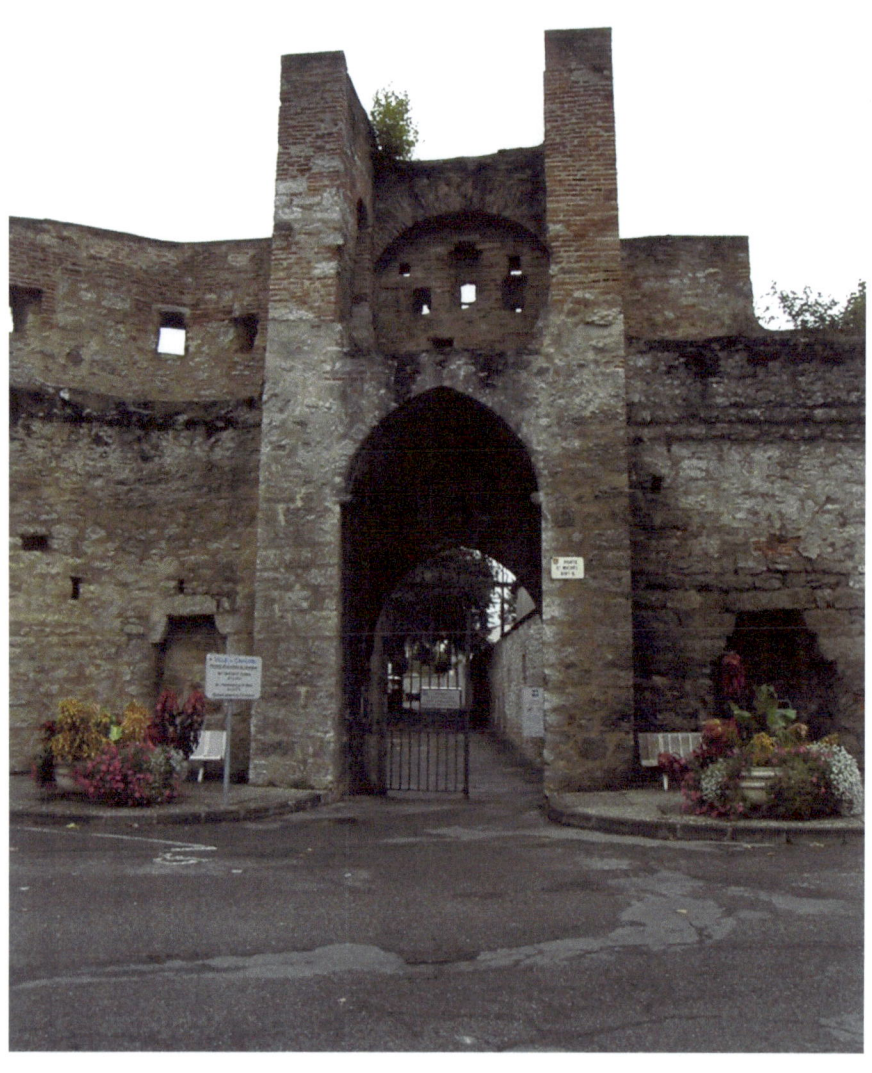

Un sujet difficile à aborder

Je ne serai jamais mort. Car le *je* n'existera plus dès que j'aurais cessé de vivre.
L'expérience de la mort est invivable. Alors ?

Régulièrement, j'essaye de me convaincre, en ressassant un passage de la *Lettre à Ménécée* d'Epicure, "*la mort n'est rien pour nous, puisque tout bien et tout mal résident dans la sensation, or la mort est l'éradication de nos sensations. Quand nous sommes, la mort n'est pas là, et quand la mort est là, c'est nous qui ne sommes pas.*" Mon tantra.

La vie s'arrête un jour. Ma vie s'arrêtera un jour. Ce drame, j'ai des difficultés à me le représenter, personnellement.
L'angoisse existentielle. La mort des autres est si fréquente que je ne peux plus me bercer d'illusions.
Certes, certains continuent à croire en un Dieu.
Le résumé de Michel Onfray, dans son "*Traité d'athéologie*", me semble correct : "*Pour conjurer la mort, l'homo sapiens la congédie. Afin d'éviter d'avoir à résoudre le problème, il le supprime. Avoir à mourir ne concerne que les mortels : le croyant, lui, naïf et niais, sait qu'il est immortel, qu'il survivra à l'hécatombe planétaire (...) Tant que les hommes auront à mourir, une partie d'entre eux ne pourra soutenir cette idée et inventera des subterfuges. (...) Je suis mortel ? Dieu est immortel ; je suis fini ? Dieu est infini ; je suis limité ? Dieu est illimité ; je ne sais pas tout ? Dieu est omniscient ; je suis créé ? Dieu est incréé ; je suis faible ? Dieu incarne la Toute-Puissance ; je suis sur terre ? Dieu est au ciel ; je suis imparfait ? Dieu est parfait ; je ne suis rien ? Dieu est tout...*"

Pour se rassurer autrement : les morts montrent la voie aux vivants. Notre héritage n'est pas que financier.
Chacun laisse une trace de son passage, change un peu, de part son empreinte, le monde.

Mais en détruisant la dernière demeure, c'est cette dernière trace d'un passage que l'Etat assassine.

Finalement, il me reste Tolstoï : "*l'existence de la mort nous oblige soit à renoncer volontairement à la vie, soit à transformer notre vie de manière à lui donner un sens que la mort ne peut lui ravir.*" Transcender la vie par l'art, faire de ses blessures une œuvre.

"*Le père Amable avait peur du curé par appréhension de la mort qu'il sentait approcher. Il ne redoutait pas beaucoup le bon Dieu, ni le diable, ni l'enfer, ni le purgatoire, dont il n'avait aucune idée, mais il redoutait le prêtre, qui lui représentait l'enterrement, comme on pourrait redouter les médecins par horreur des maladies.*"
Guy de Maupassant, *Le père Amable*.

Maintenant, en plus, j'ai peur de ces gens qui n'auront pas trouvé d'autre métier que nettoyeurs de tombes et prendront mes os avec indifférence. Vous qui serez là, quand un maire essayera de reprendre mes quelques derniers centimètres carrés, refusez de me laisser offenser, réifier. Merci...

Vous serez ce qu'ils sont... la mairie vous prévient

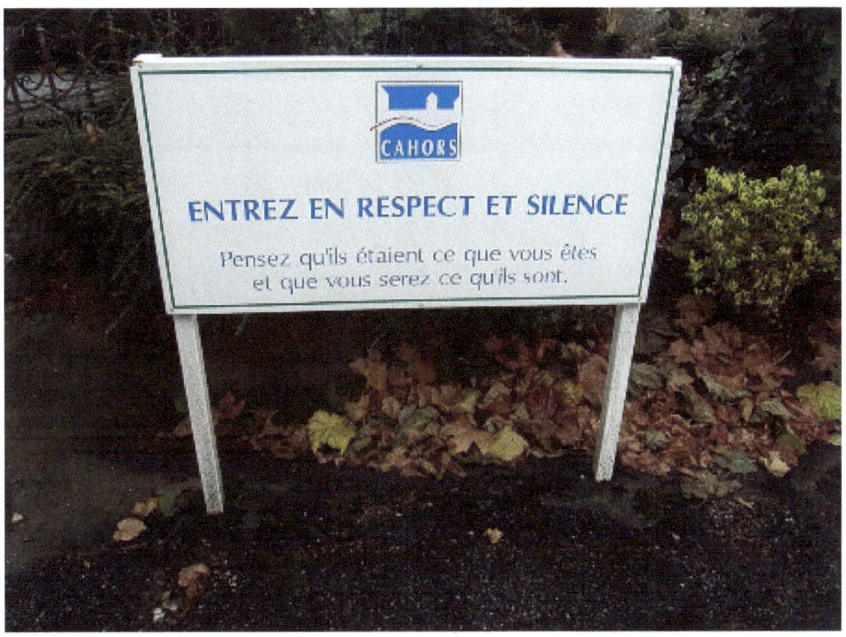

Entrez en respect et silence...

Mais la mairie a cru bon d'ajouter "pensez qu'ils étaient ce que vous êtres et que vous serez ce qu'ils sont."

Cette mise en garde s'éclaire différemment après la découverte de panneaux sur de nombreuses concessions…

Oui, monsieur Jean-Marc Vayssouze-Faure, bientôt, on récupérera vos vieux os pour faire de la place aux nouveaux morts...

Le cimetière de Cahors

Première trace : le 26 janvier 1807, un rapport sur l'emplacement du futur cimetière, qui devait se situer hors des murs de la ville.
Il fut "ouvert" en 1812.
Rappelons que c'est le décret du 12 juin 1804, qui instaura les concessions, naturellement de vraies perpétuelles.

Dans sa séance du 15 novembre 1847, le Conseil municipal de Cahors, constant que le cimetière était plein... non il ne décide pas de le vider mais de l'agrandir, en achetant du terrain. Ainsi la porte Saint-Michel devint la nouvelle entrée.

L'agrandissement suivant fut décidé par le Conseil Municipal du 5 juin 1942. Anatole de Monzie, dix-huit fois ministre, venait d'être remplacé par Xavier Gisbert (Anatole de Monzie, qui vota les pleins pouvoirs au Maréchal Pétain le 10 juillet 1940, dut quitter la mairie avant ses 23 ans de règne).

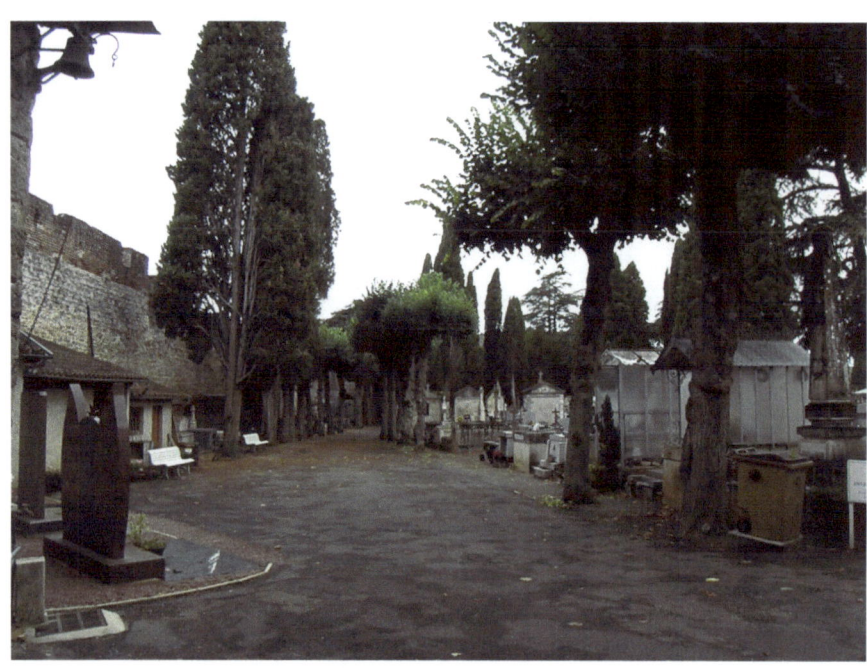

Repos éternel, tu parles !

Qui va croire ces prêtres, curés, évêques, avec leur "repos éternel" ? Payez des concessions, chrysanthèmes, couronnes, messes pour vos parents mais dès que vous aurez le dos tourné, ou le dos figé dans la même position, ils seront délogés comme de mauvais payeurs.

Mon indignation est laïque mais j'ai des difficultés à admettre le silence des croyants sur ce mépris des morts. Ils devraient être les premiers, dans chaque commune, à s'occuper des tombes sans descendants.

Les fleuristes, marchands de plaques, cercueils et autres apparats peuvent encore se justifier d'un « il faut bien bouffer... y'a pas de sots métiers... »

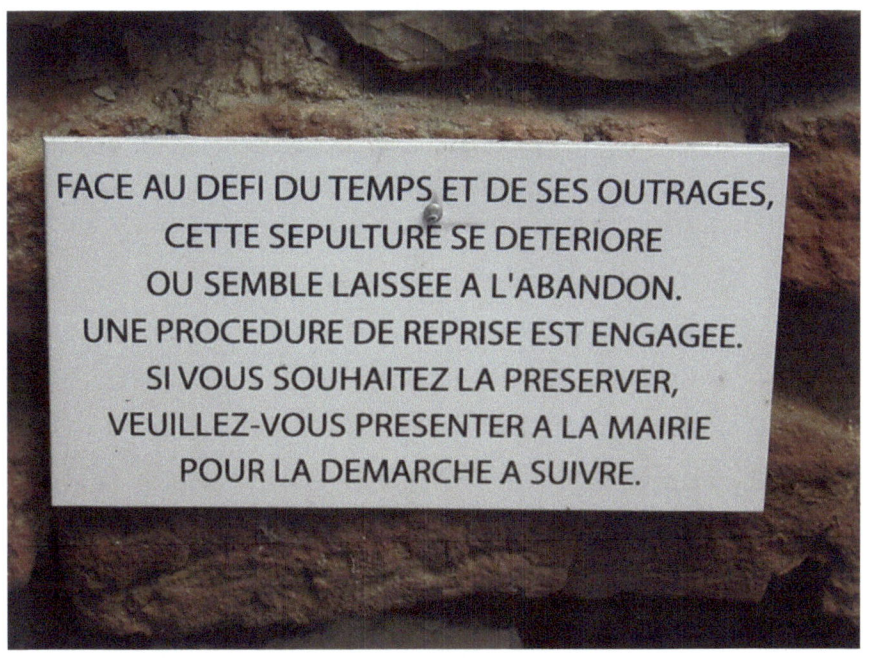

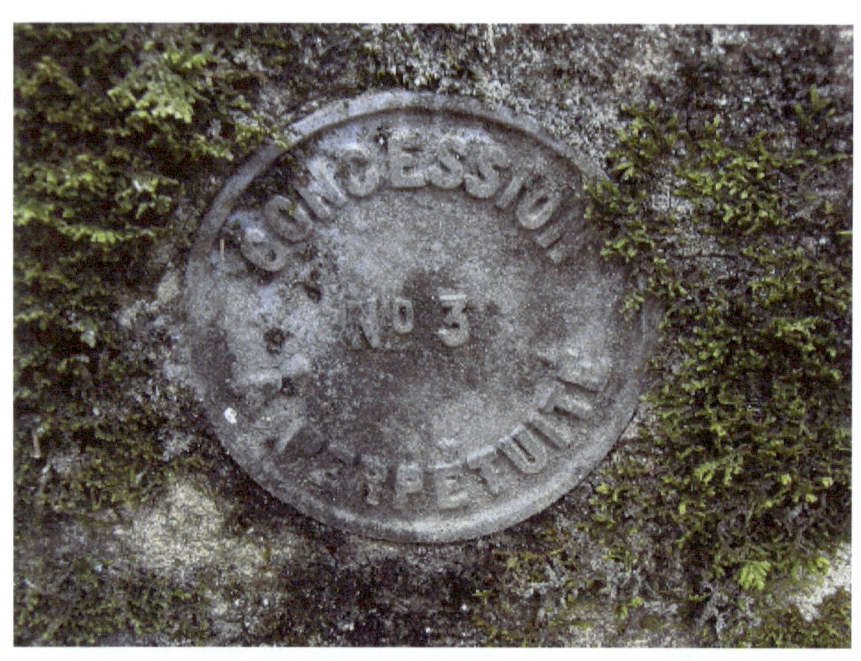

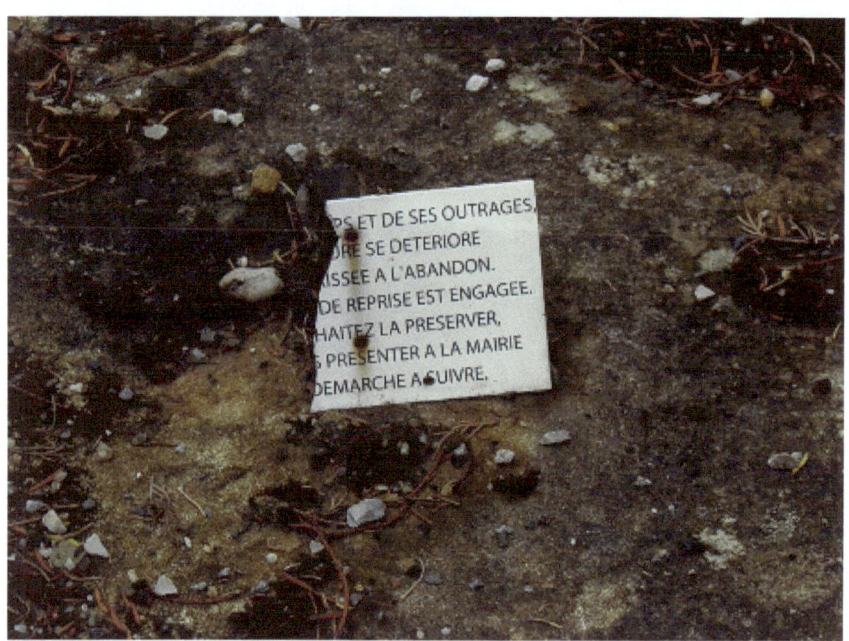

Concession 11 nuisible à la décence du cimetière ?

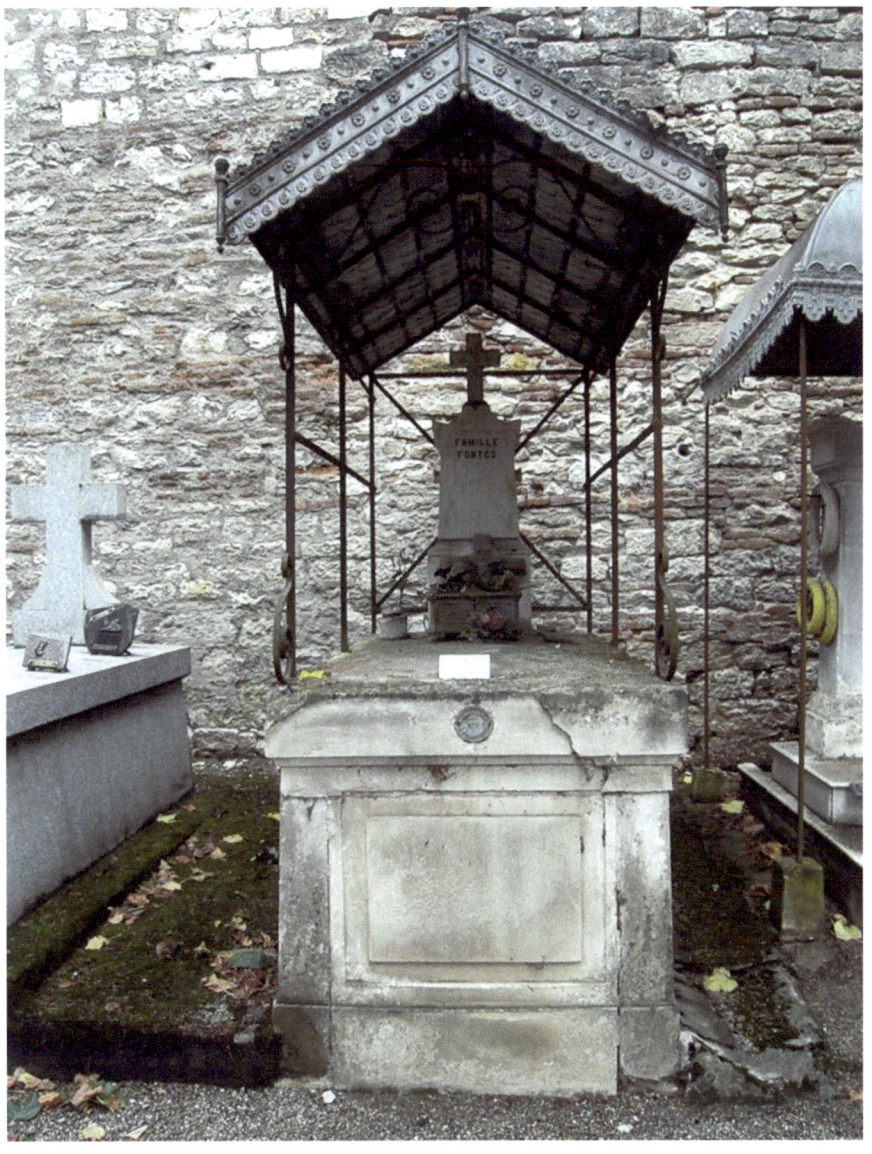

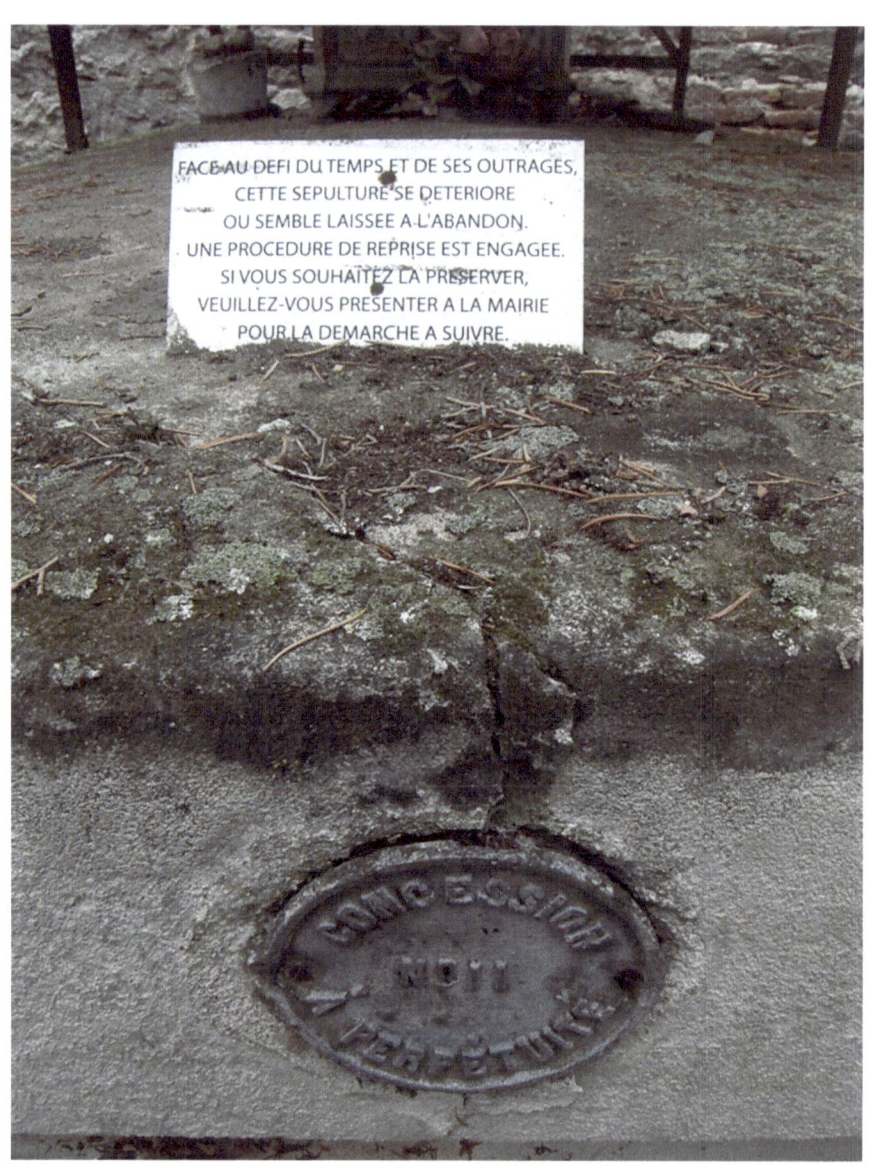

Le patrimoine de la région Midi-Pyrénées.

http://patrimoines.midipyrenees.fr répertorie notre patrimoine.
Maurice Scellès notait, en décembre 2002 : "*l'état de certains des monuments les plus anciens, comme le tombeau de Ch. de Regourd de Vaxis, montre qu'il y a parfois urgence à envisager des mesures de conservation, alors même que certaines concessions perpétuelles sont en voie d'être déclarées abandonnées.*"

Après une présentation "*l'actuel cimetière de Cahors, situé au nord de la ville contre l'ancien rempart, a été créé en 1807 selon J. Lartigaut (Atlas historique des villes de France, 1983, plan), ou 1812 selon J. Daymard (Le Vieux Cahors, p. 252), avec une superficie inférieure au quart de la superficie actuelle, qui doit à peu près correspondre aux sections S1, R, Q, P, K, J, I, H, G et F (cf. pl. 1). La plus ancienne tombe repérée, de style néo-antique, est celle de Henriette Marthe Aglae Bragouse, datée de 1828...*"

Combien parmi celles alors retenues furent depuis considérées à l'abandon ? Le seront bientôt ?... Alors que tant d'argent se dilapide dans le patrimoine (rien qu'à Cahors, 580 000 euros pour de nouveaux vitraux à la cathédrale Saint-Etienne), il n'existe aucune bonne volonté pour un simple nettoyage suffisant pour éjecter de ces lieux le qualificatif à l'abandon ?

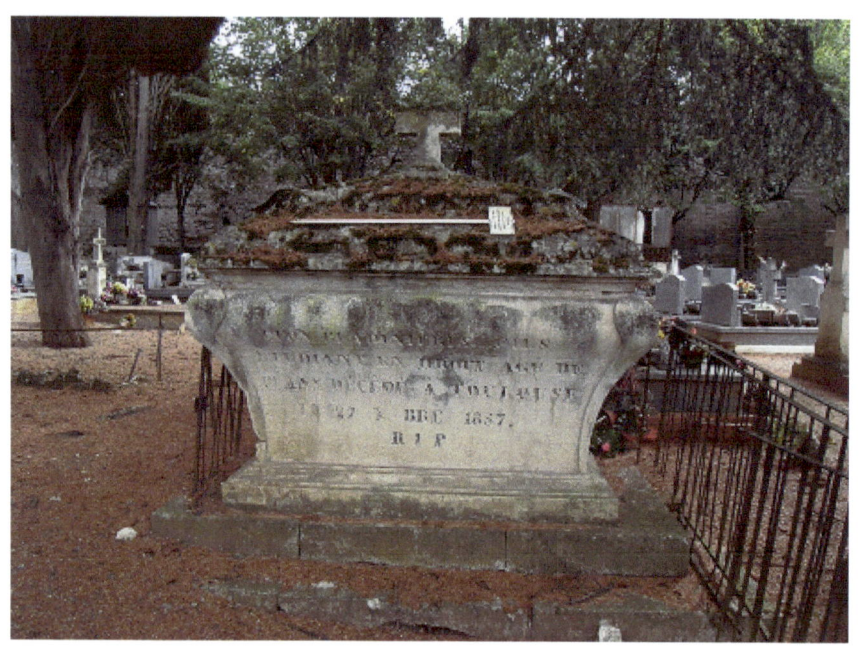

Au-delà même du mort, le tombeau de Léon Bladinières ne présente aucun intérêt artistique ?

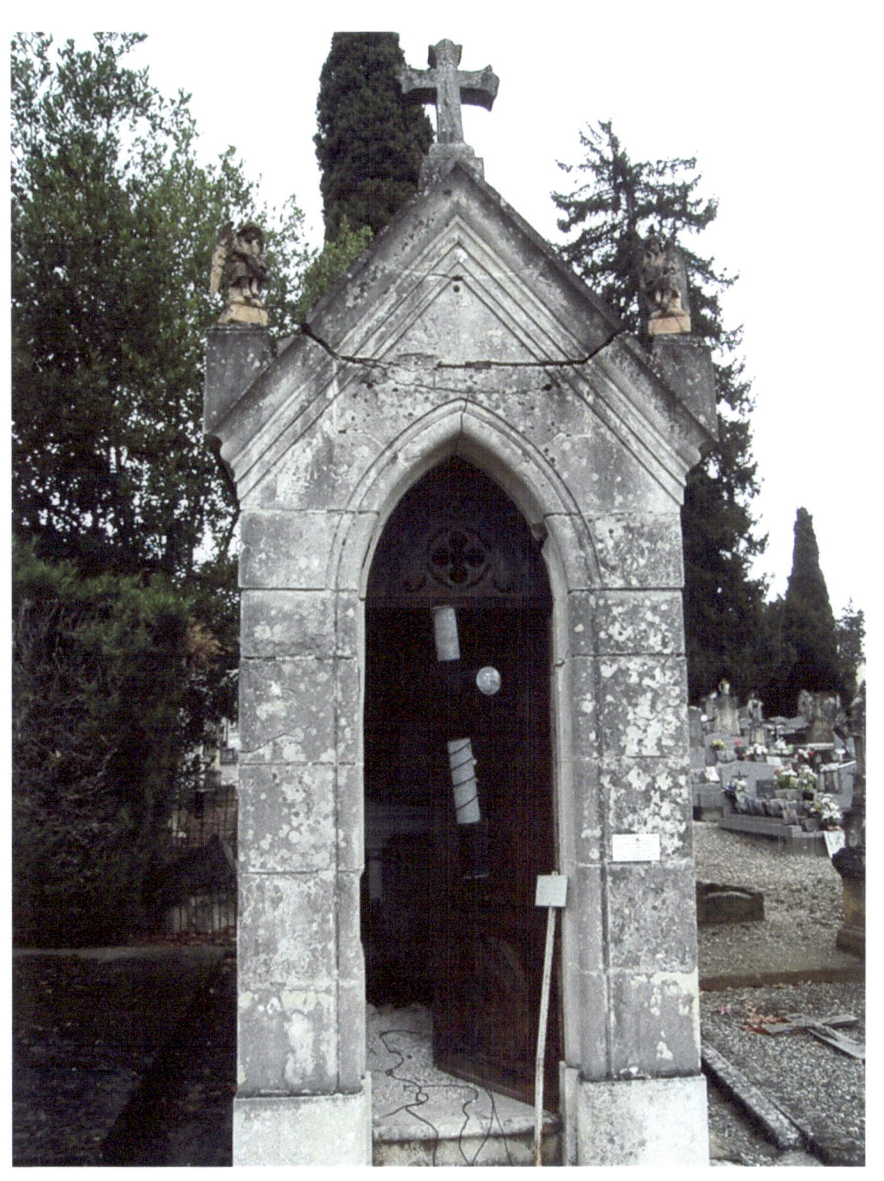

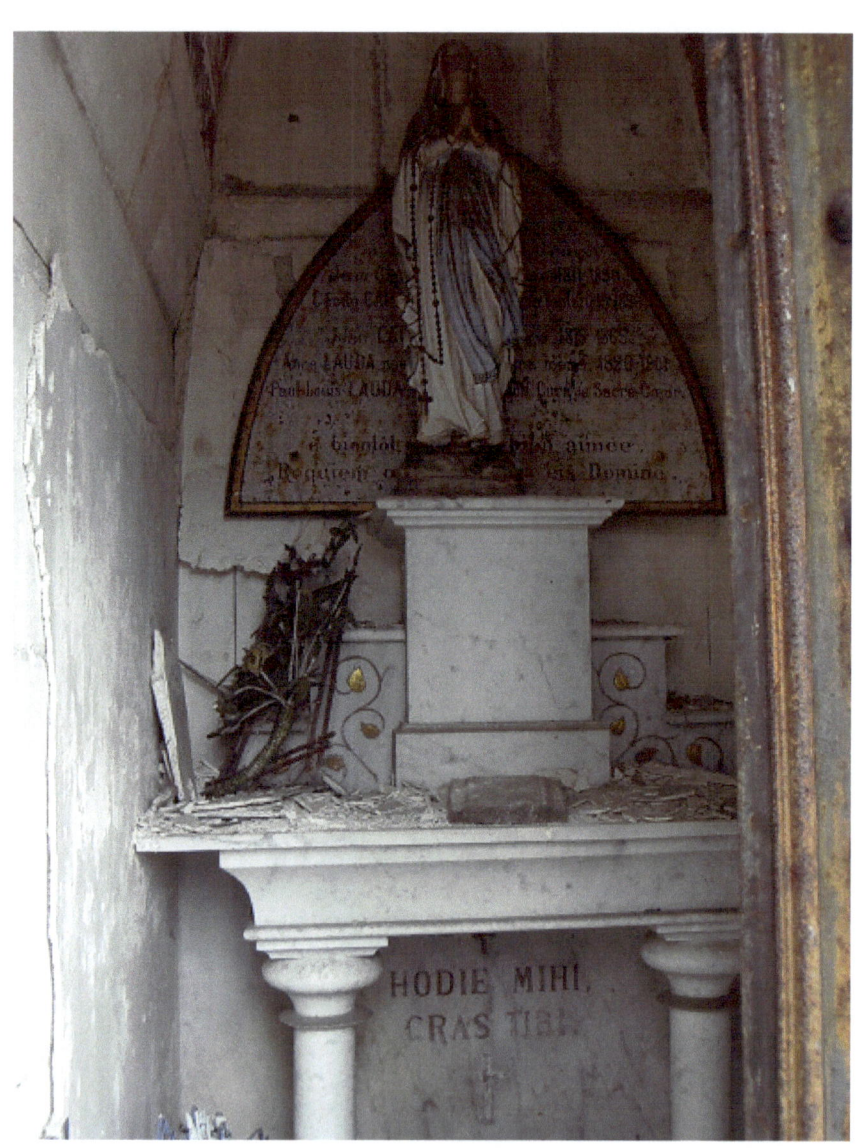

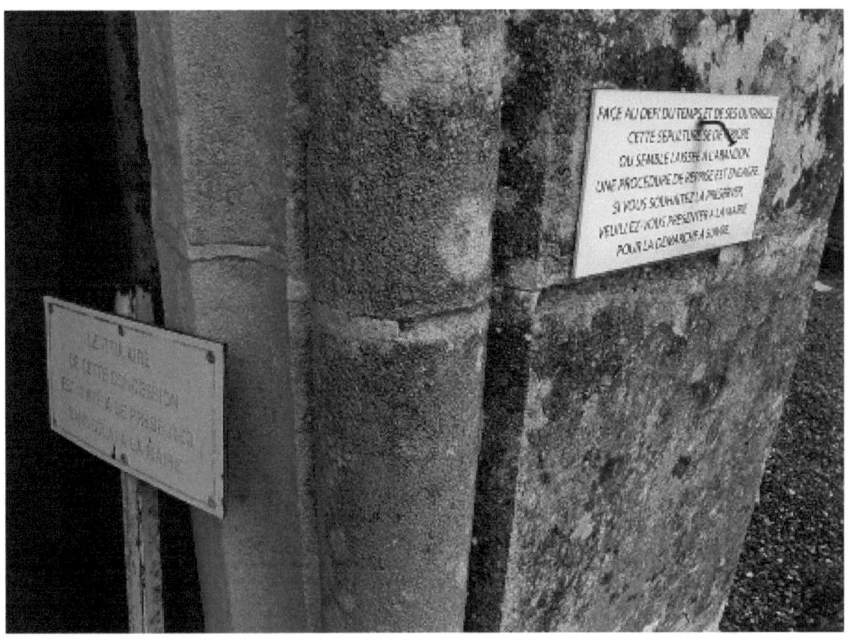

Un beau bâtiment avec double étiquetage ! Oui, victime des outrages du temps mais le pire des outrages serait de le raser...

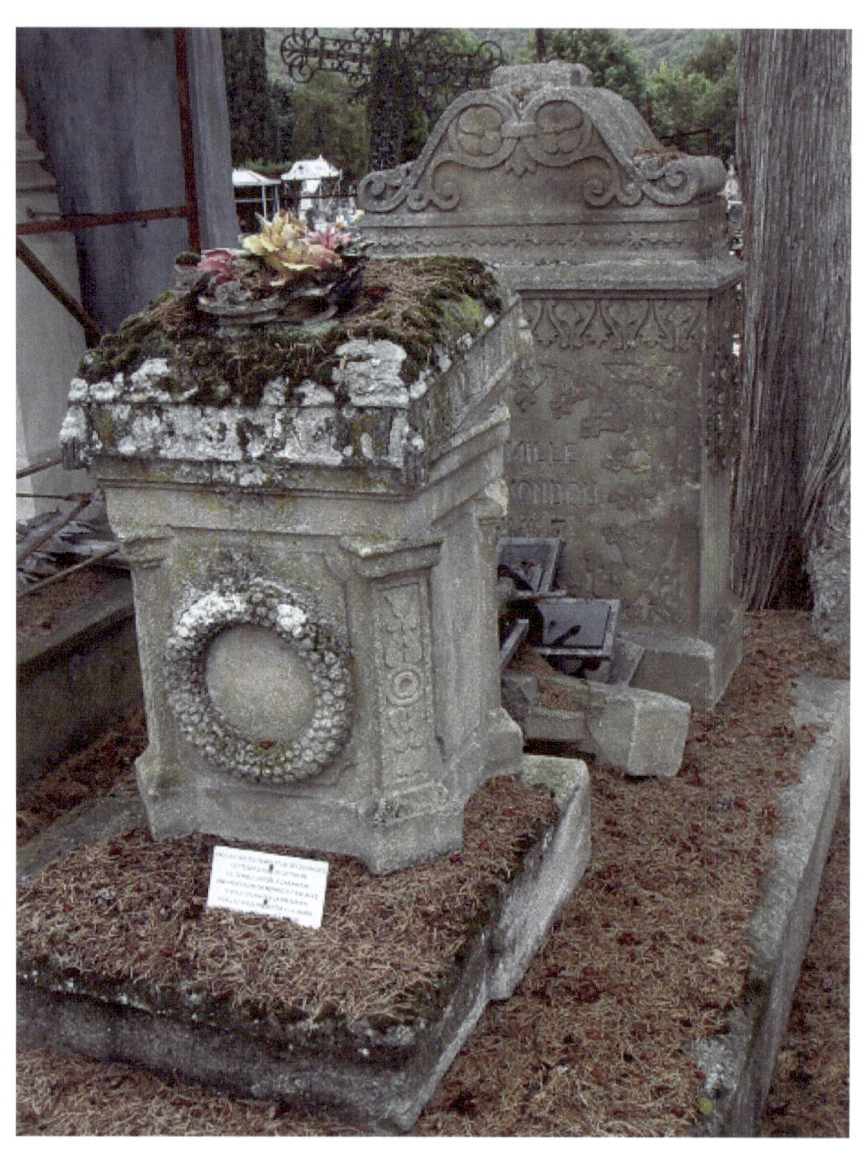

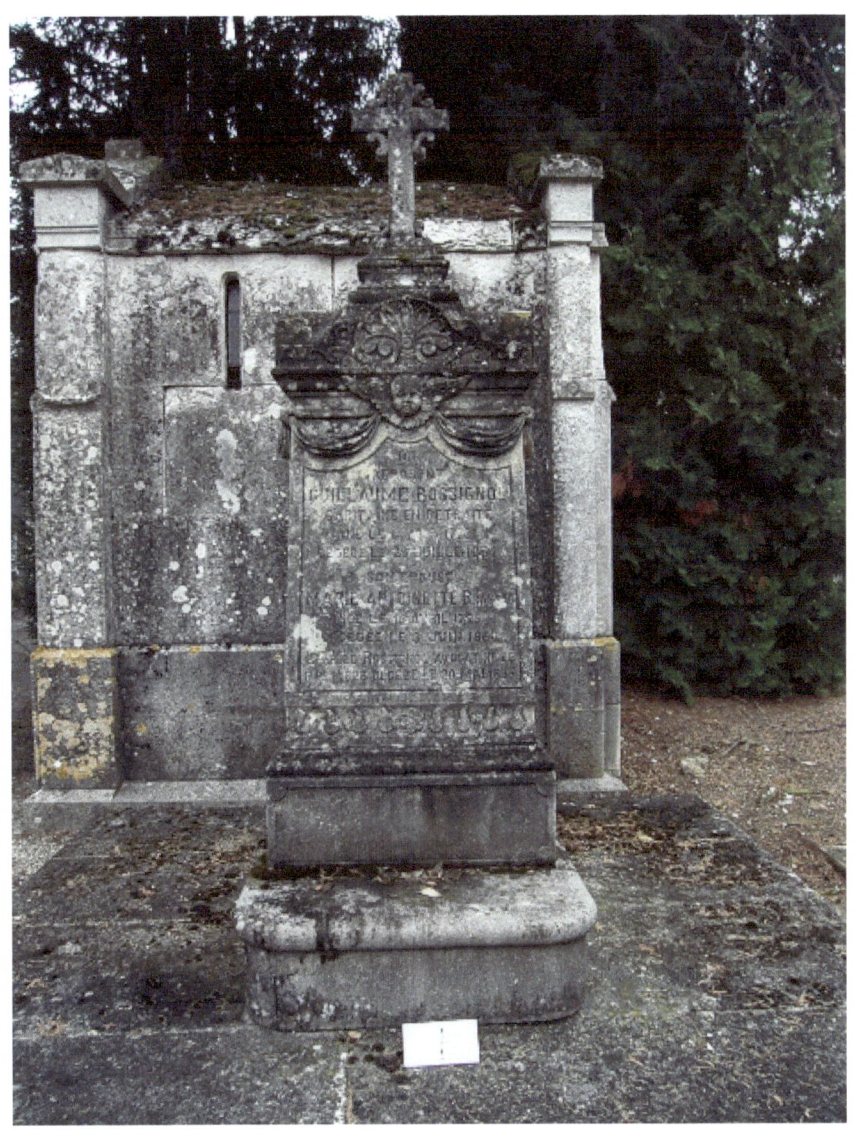

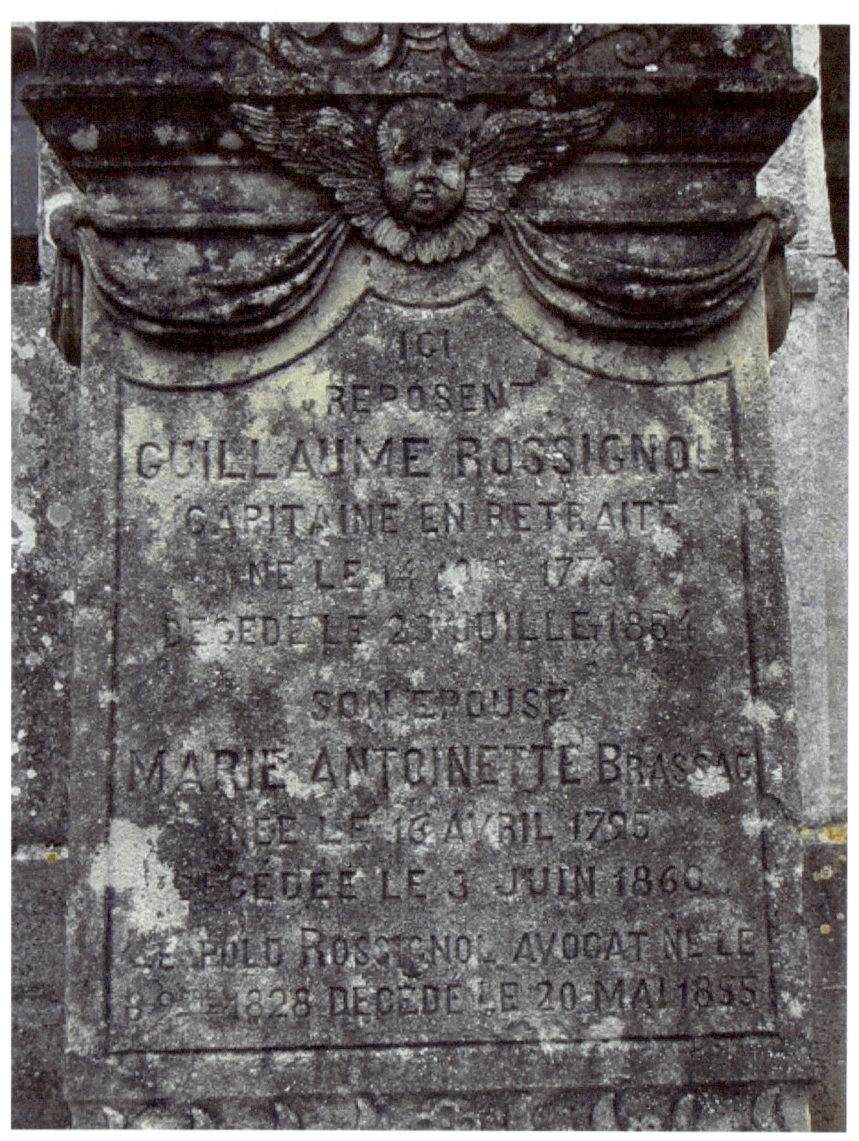

Adieu capitaine ! Même les militaires laissent faire...

Même la légion d'honneur ne protège pas de l'abandon...

Bon, quand on estime la légion d'honneur à sa juste valeur politique, on peut simplement s'exclamer, heureusement !
J'avoue avoir pensé à la fierté de ce monsieur recevant sa médaille, il a même sûrement eu droit à un article dans le torchon local...
Il fut sûrement enterré avec sa distinction...

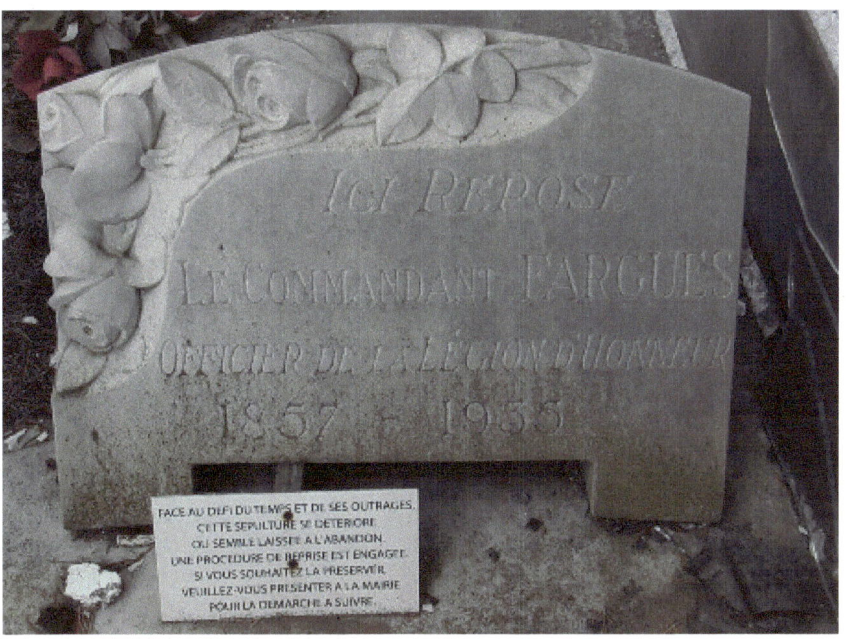

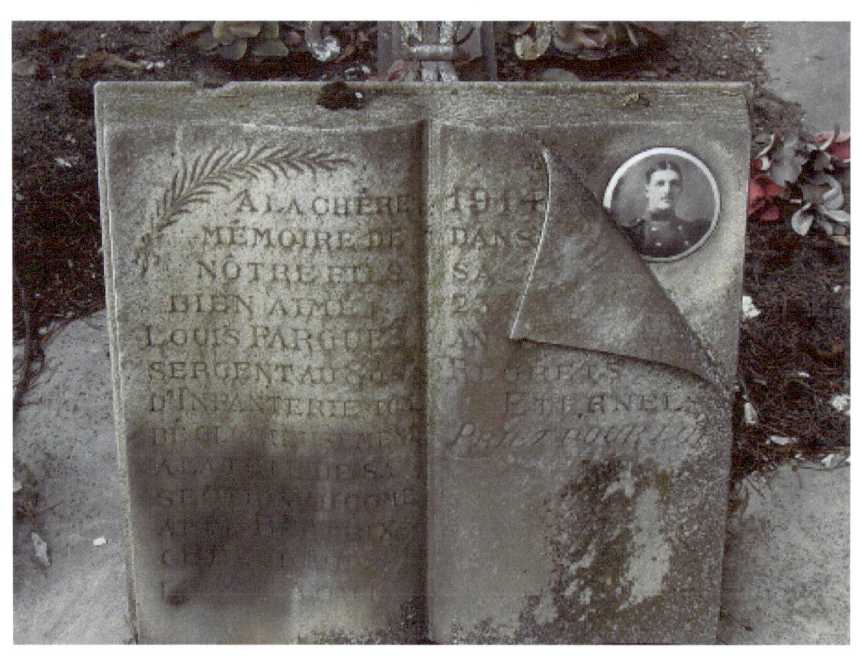

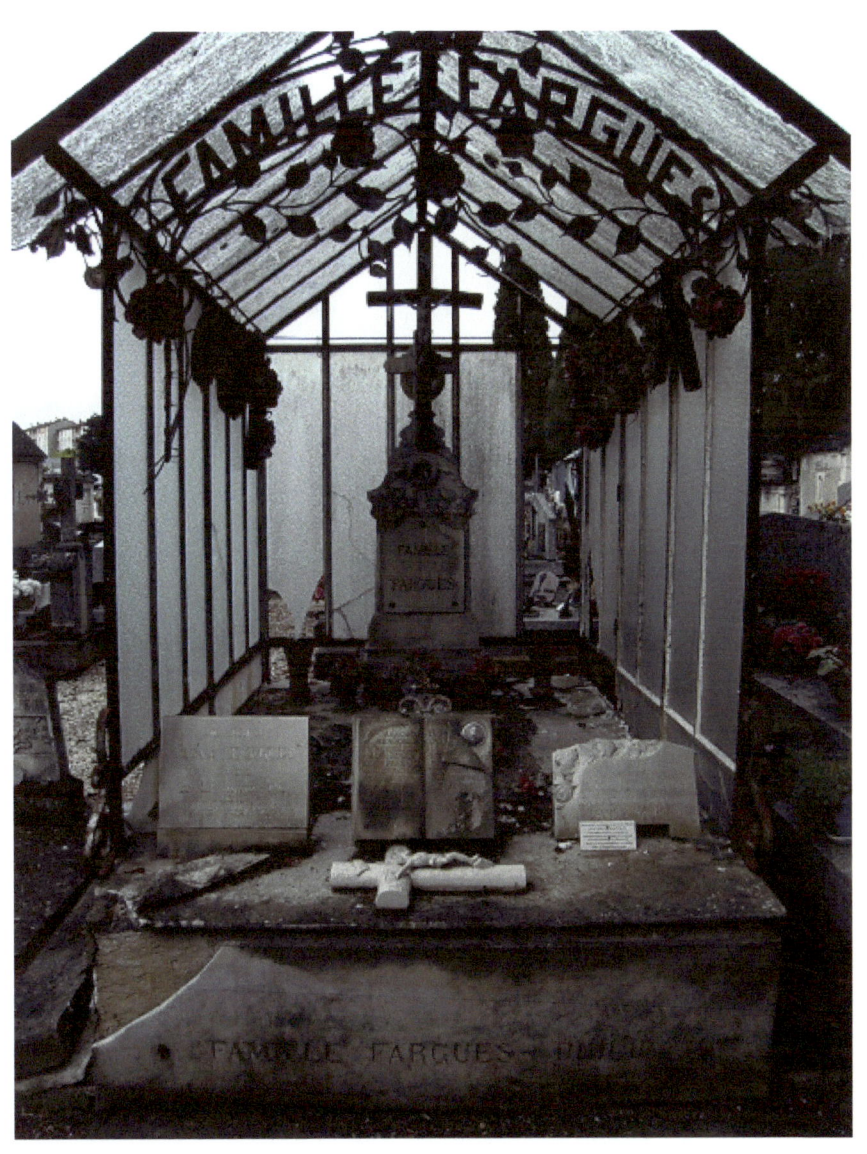

Le tombeau chapelle n'est pas protégé !

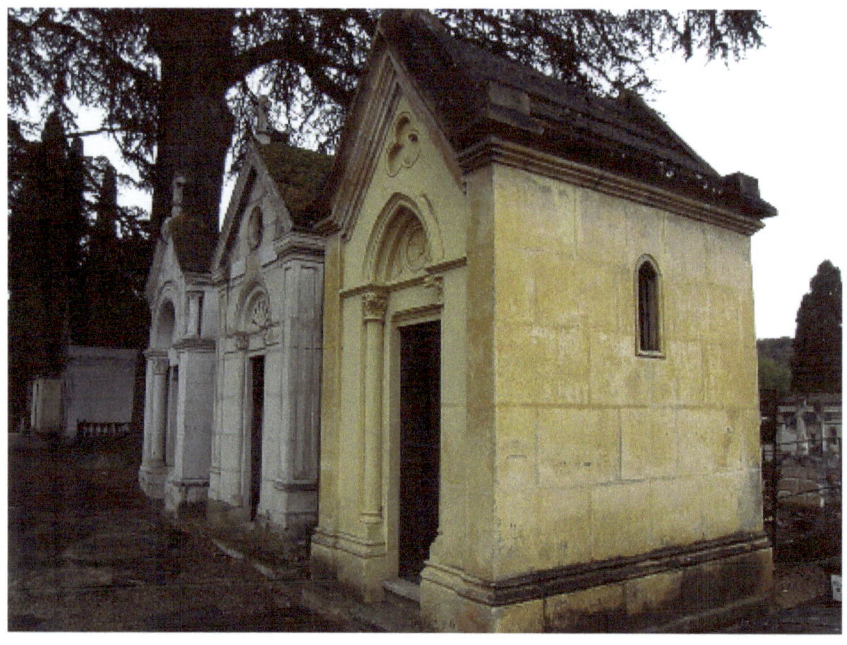

Ces trois tombeaux en forme de chapelles ne sont pas visés. Mais le suivant l'est. Certes, son intérieur demanderait une petite heure d'attention !

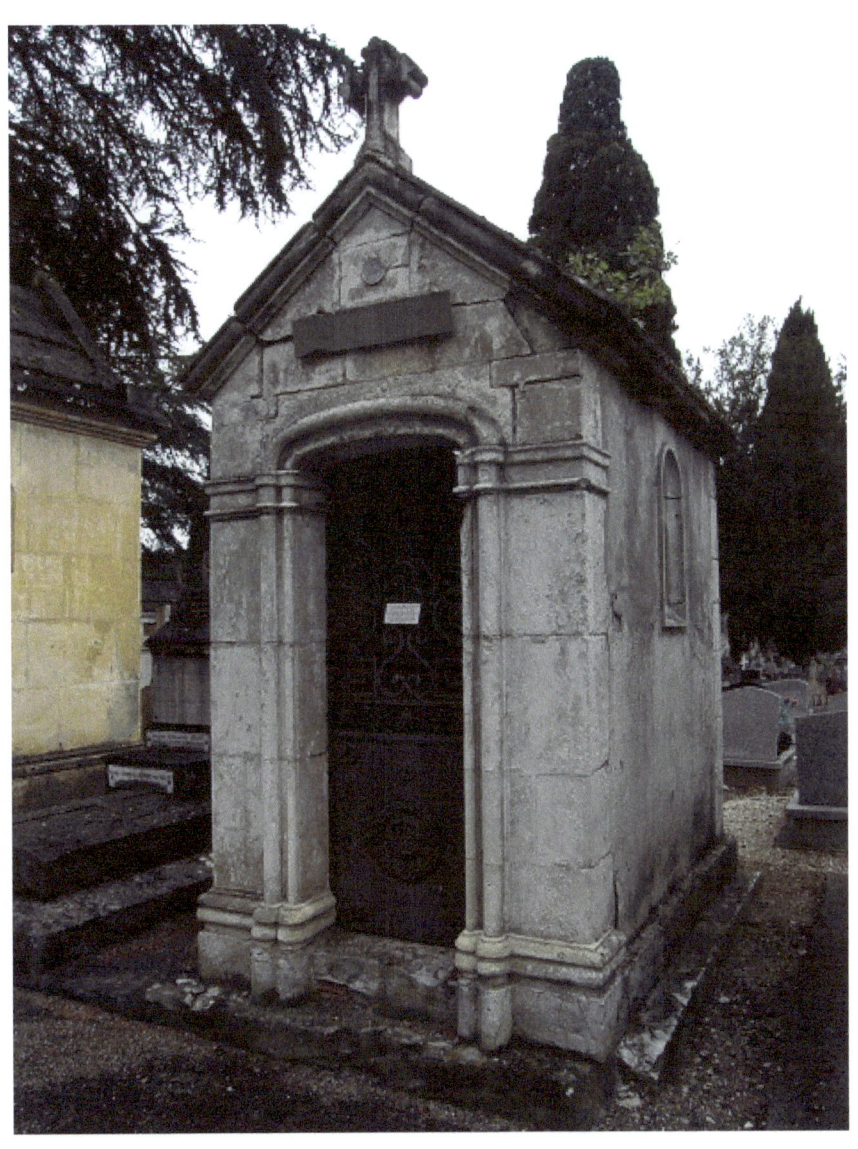

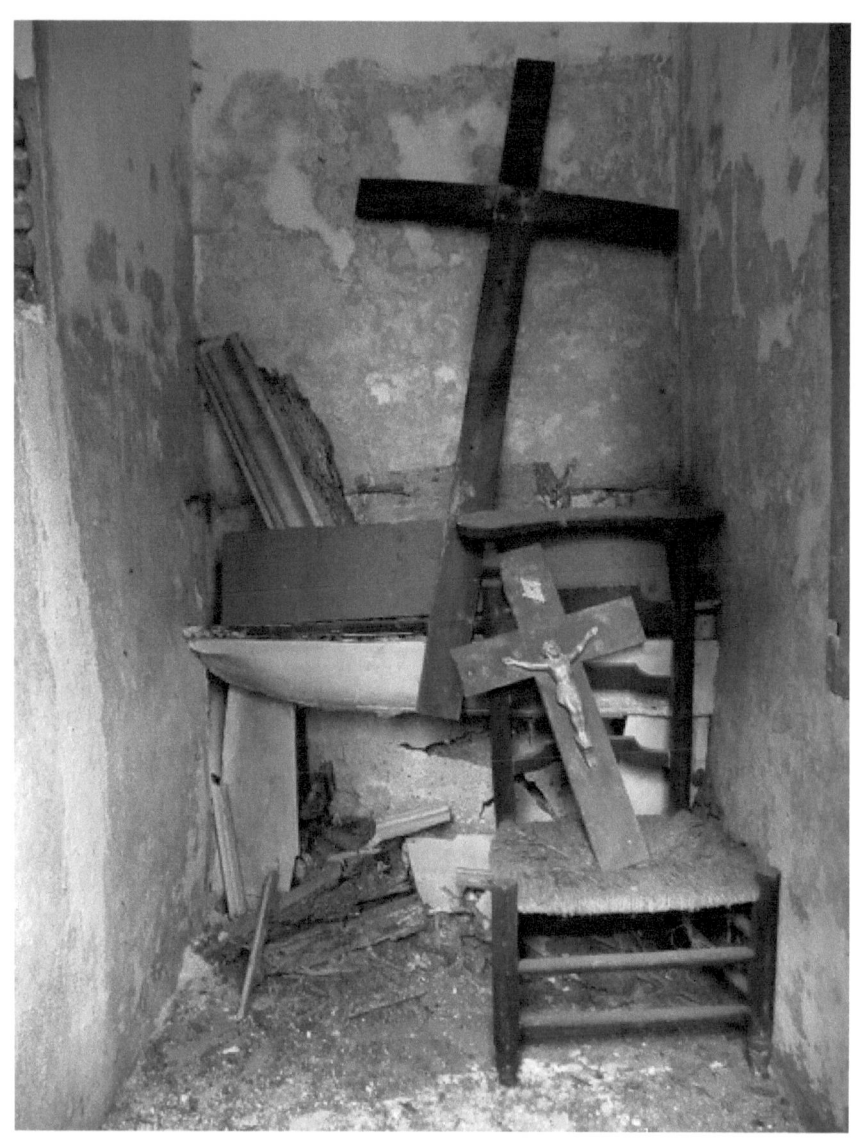

Un autre :

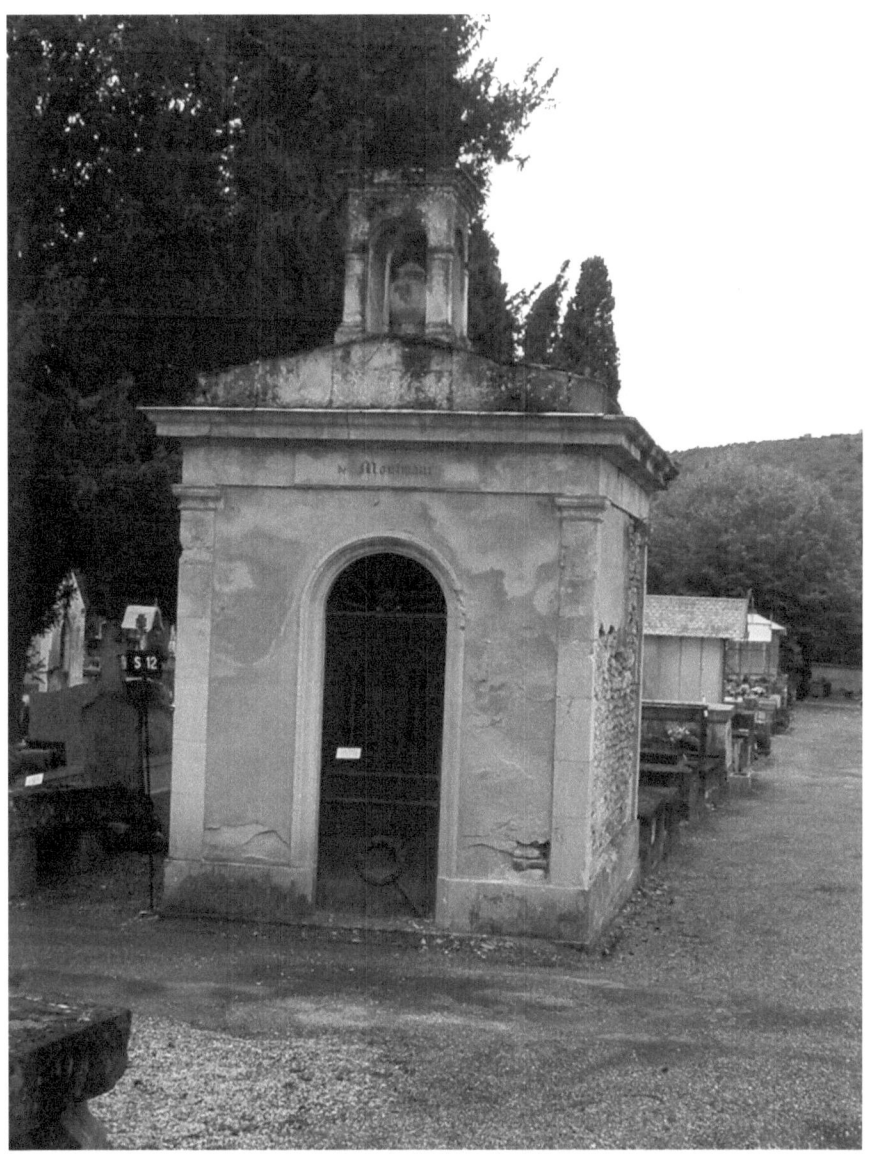

D'autres devraient donc se méfier. Exemple :

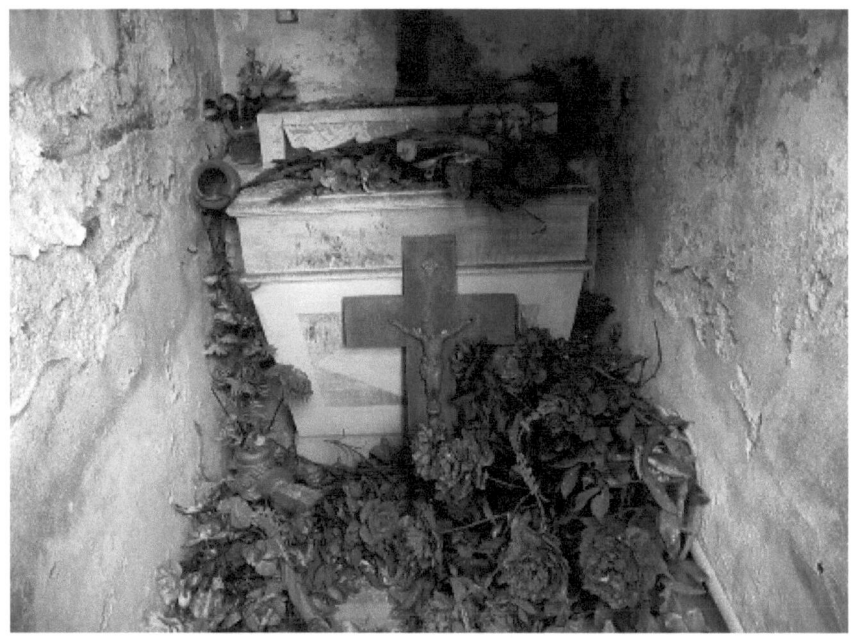

Un véritable monument bientôt détruit...

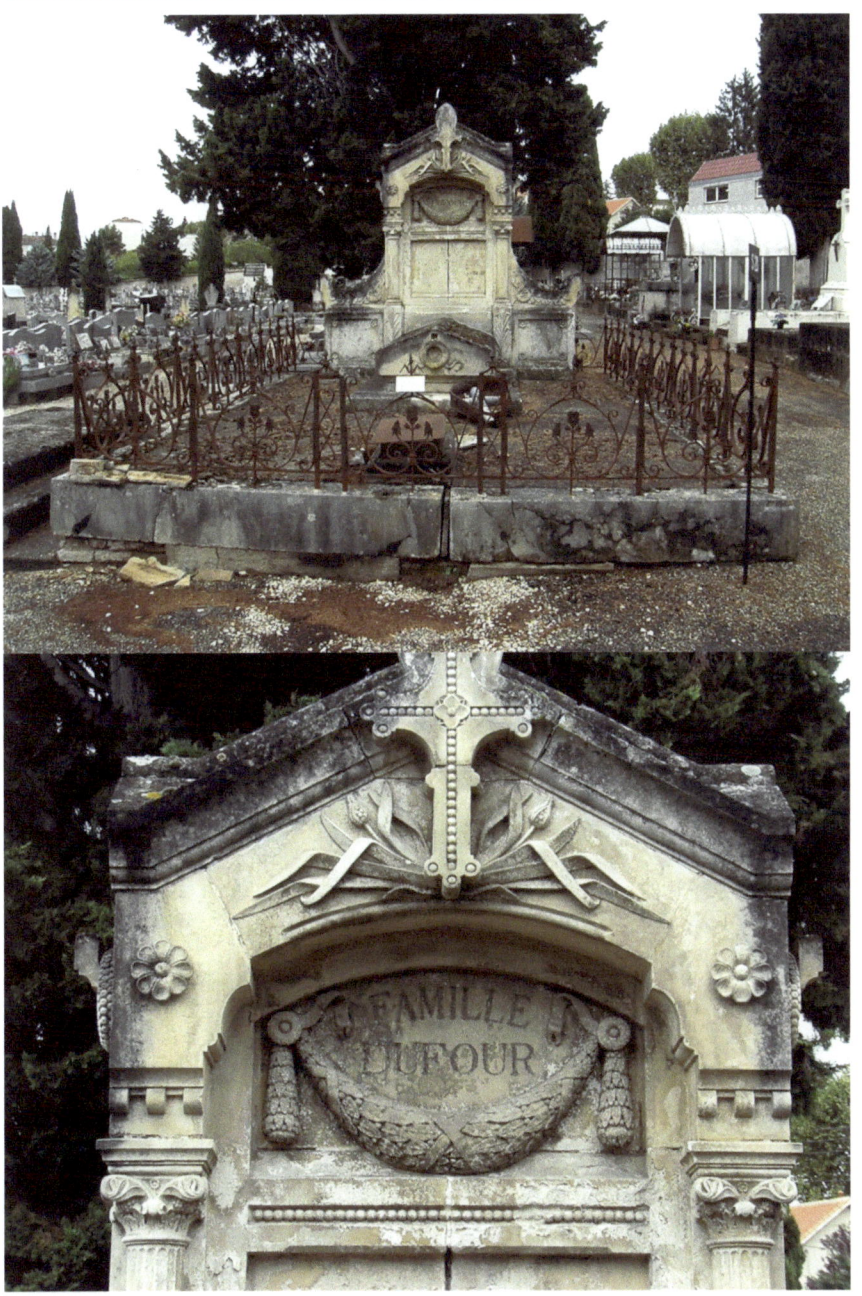

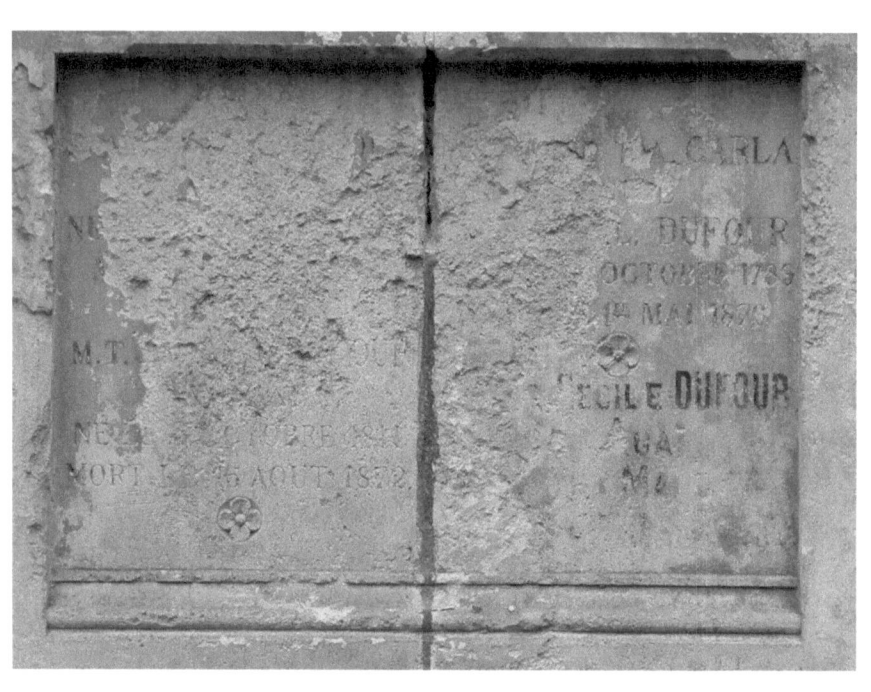

C'est beau un cimetière, parfois... monsieur Balzac

- *Je ne sors que rarement, mais lorsque je divague, je vais m'égayer au Père-Lachaise, et tout en cherchant des morts, je ne vois que des vivants.* Honoré de Balzac.

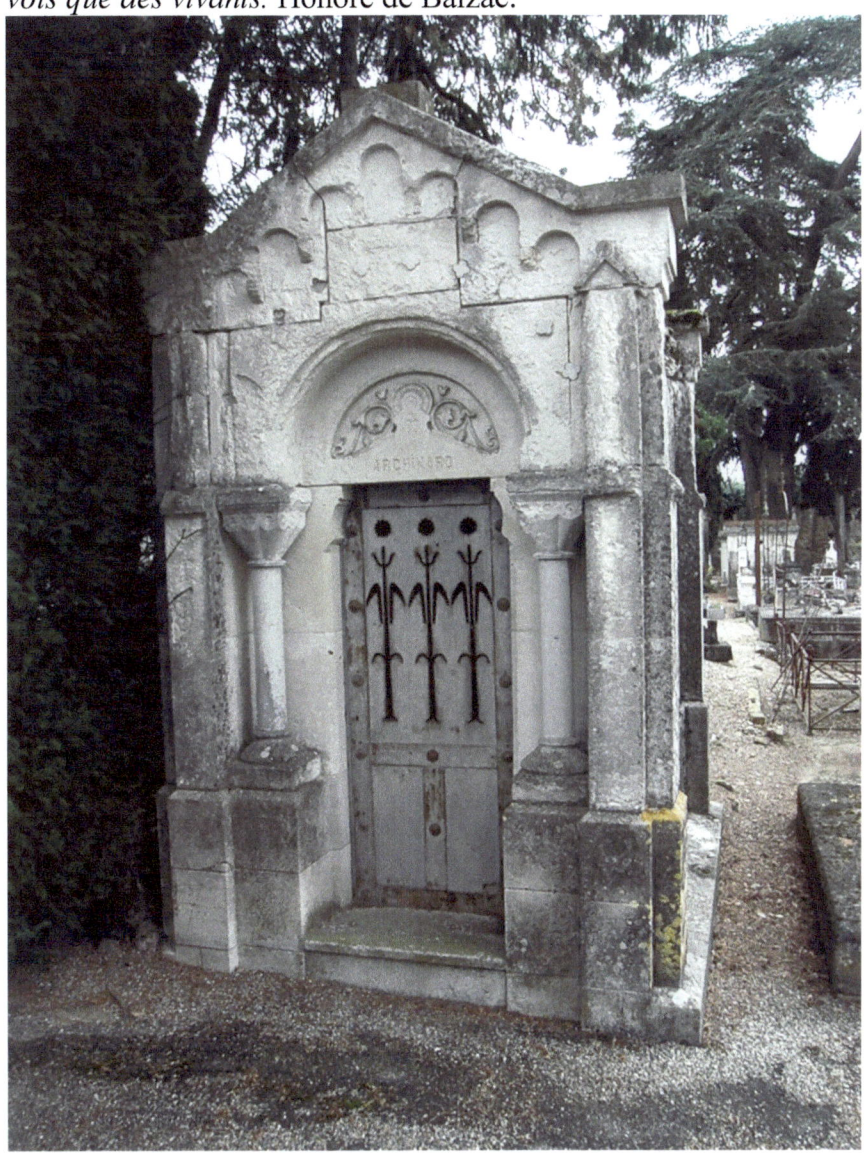

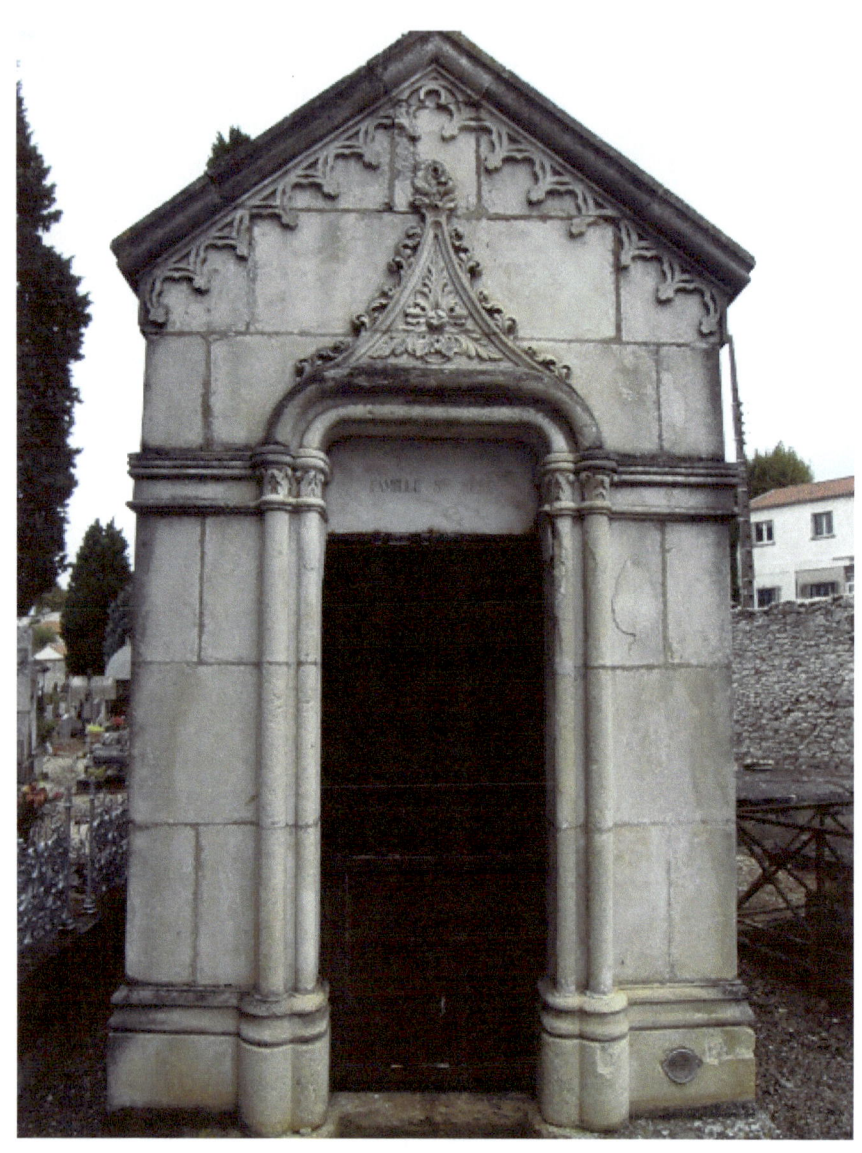

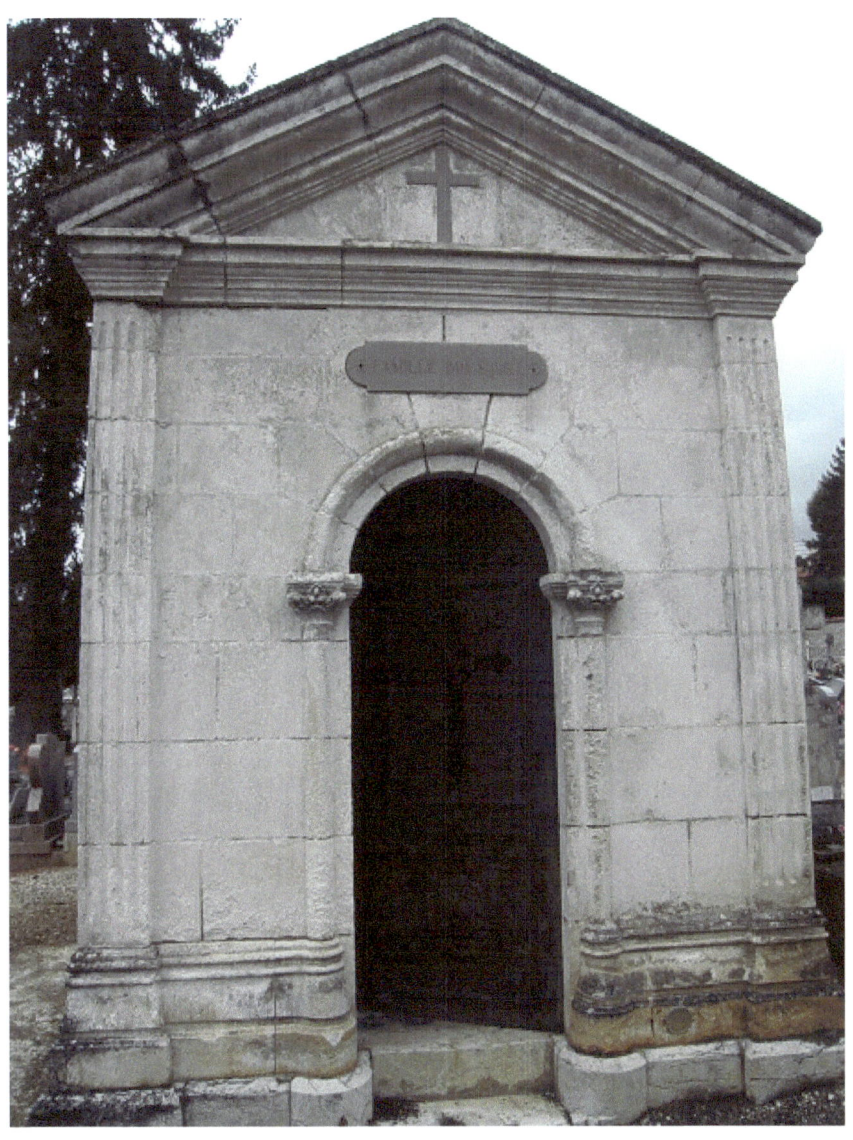

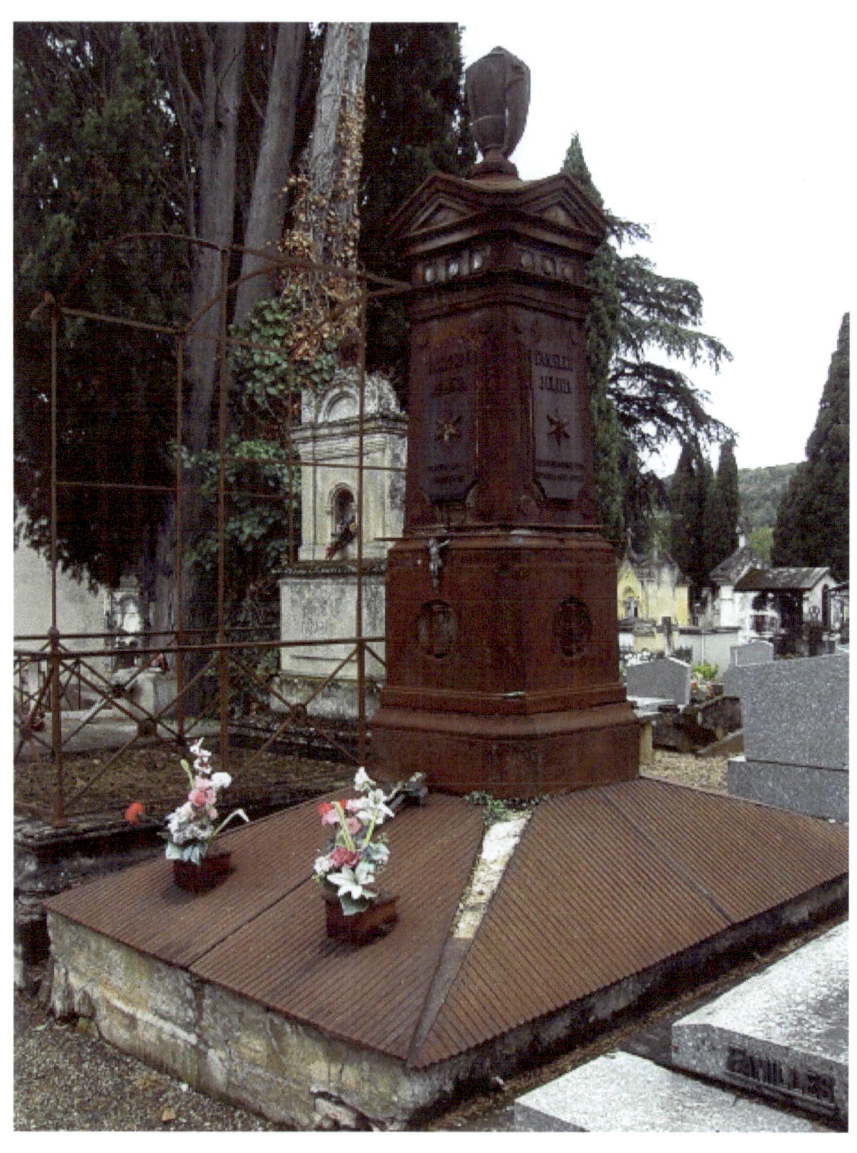

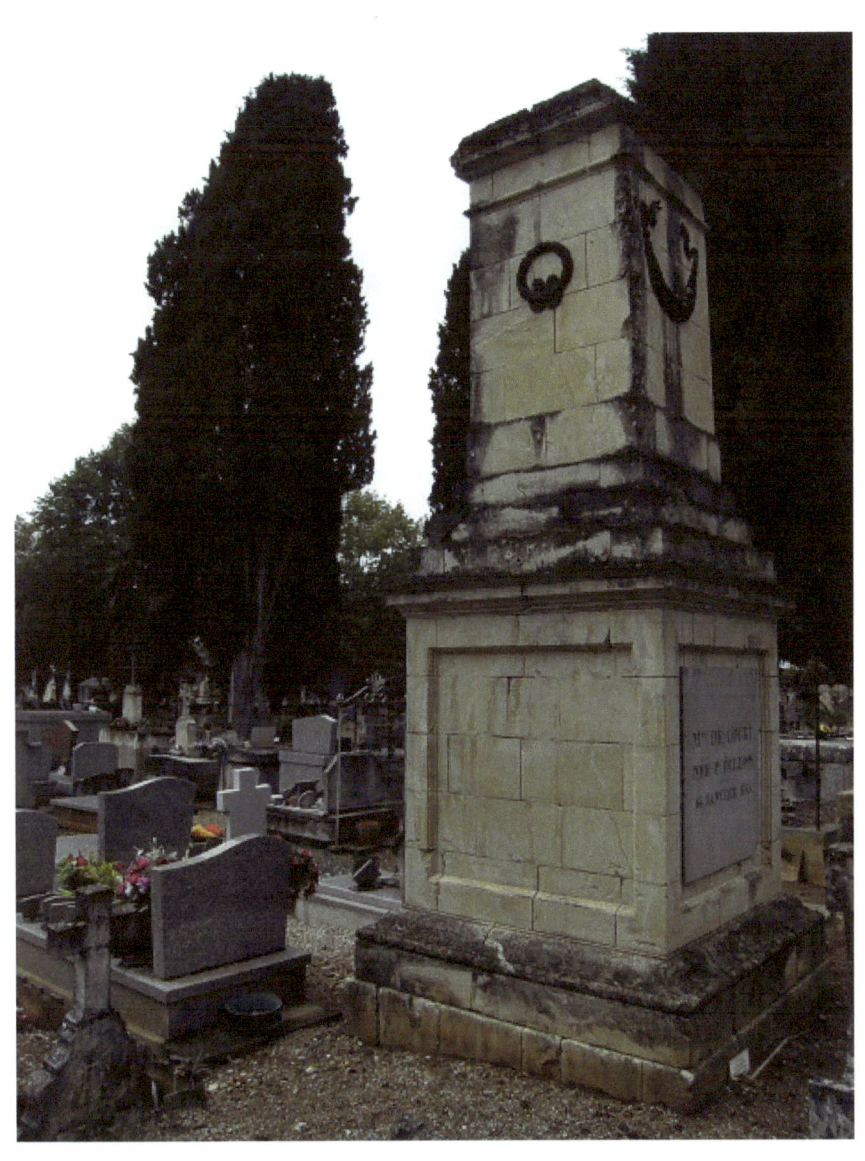

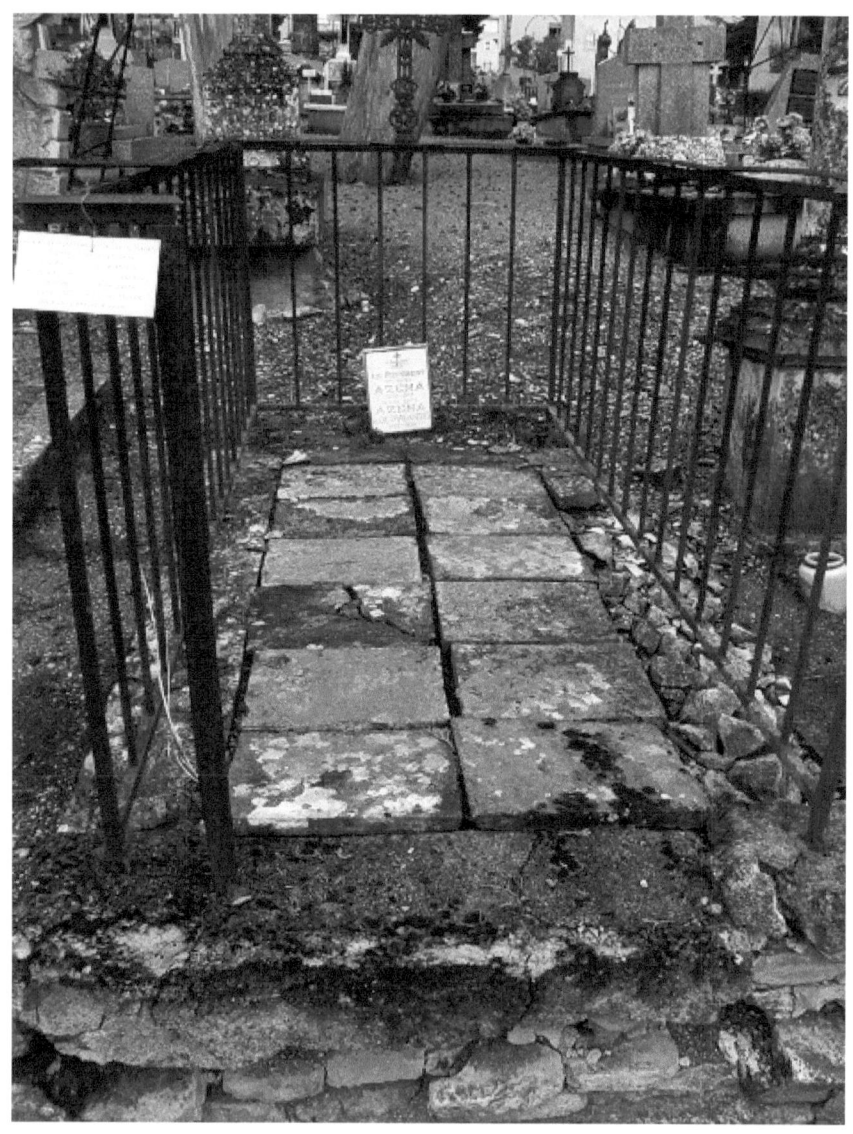

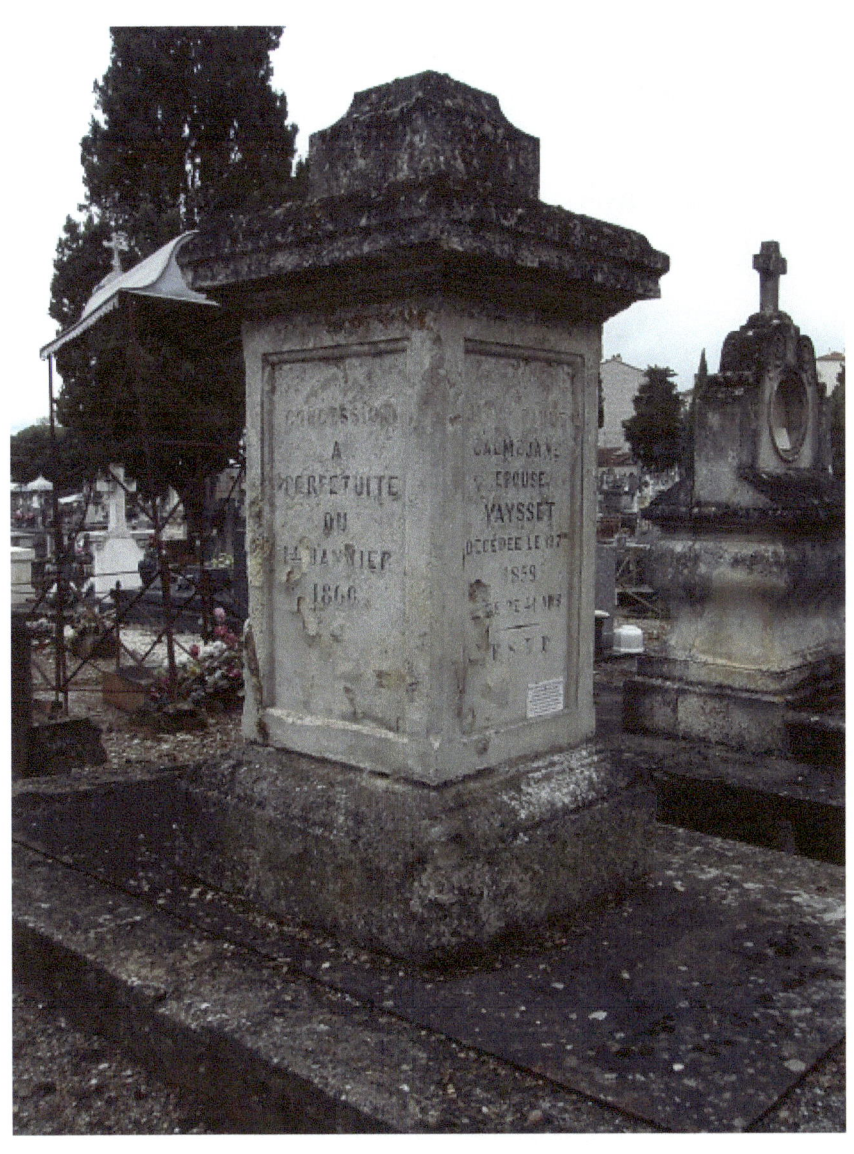

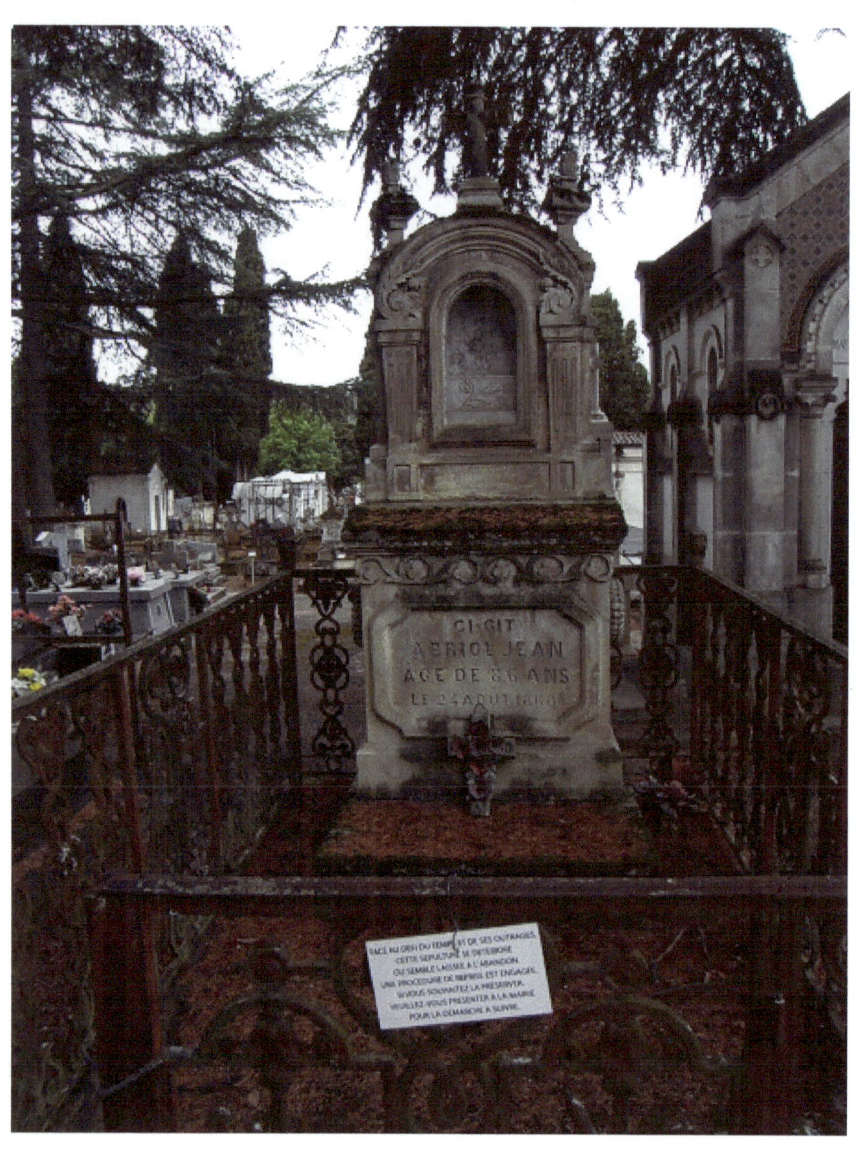

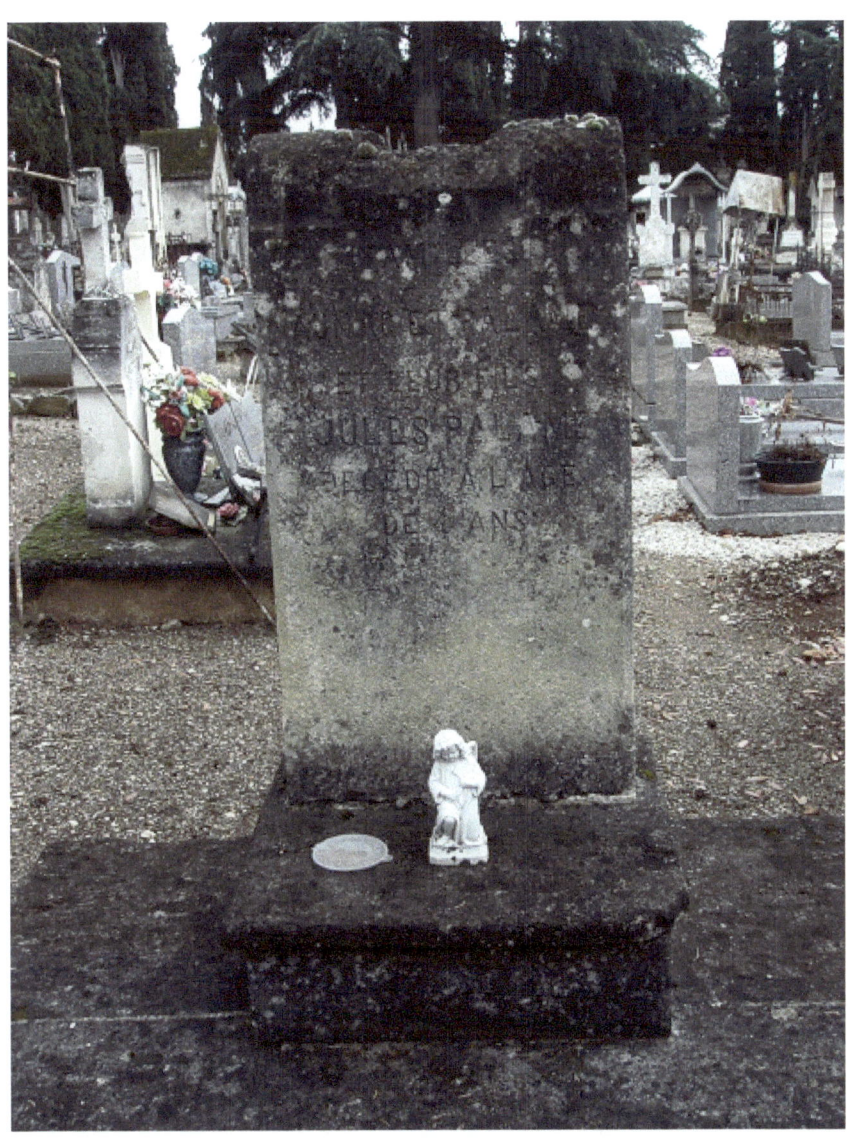

L'arrière plan permet de constater les effets des reprises...

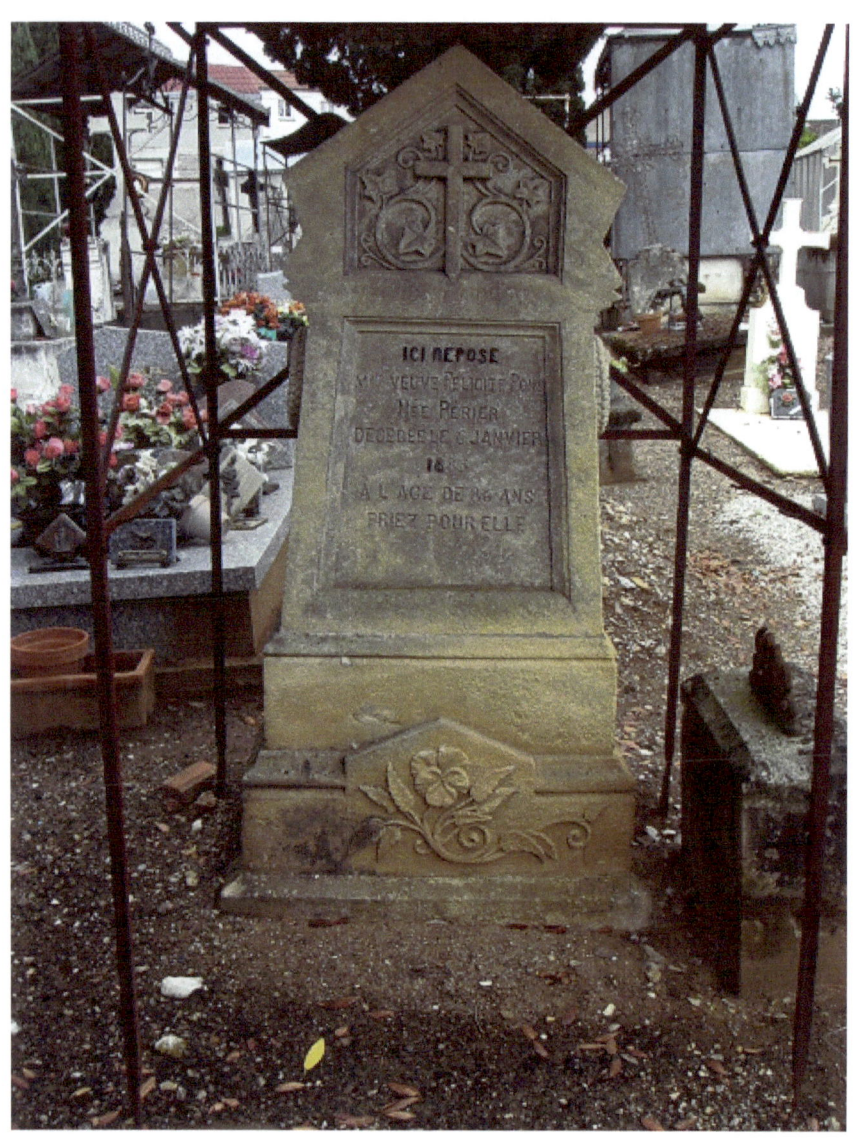

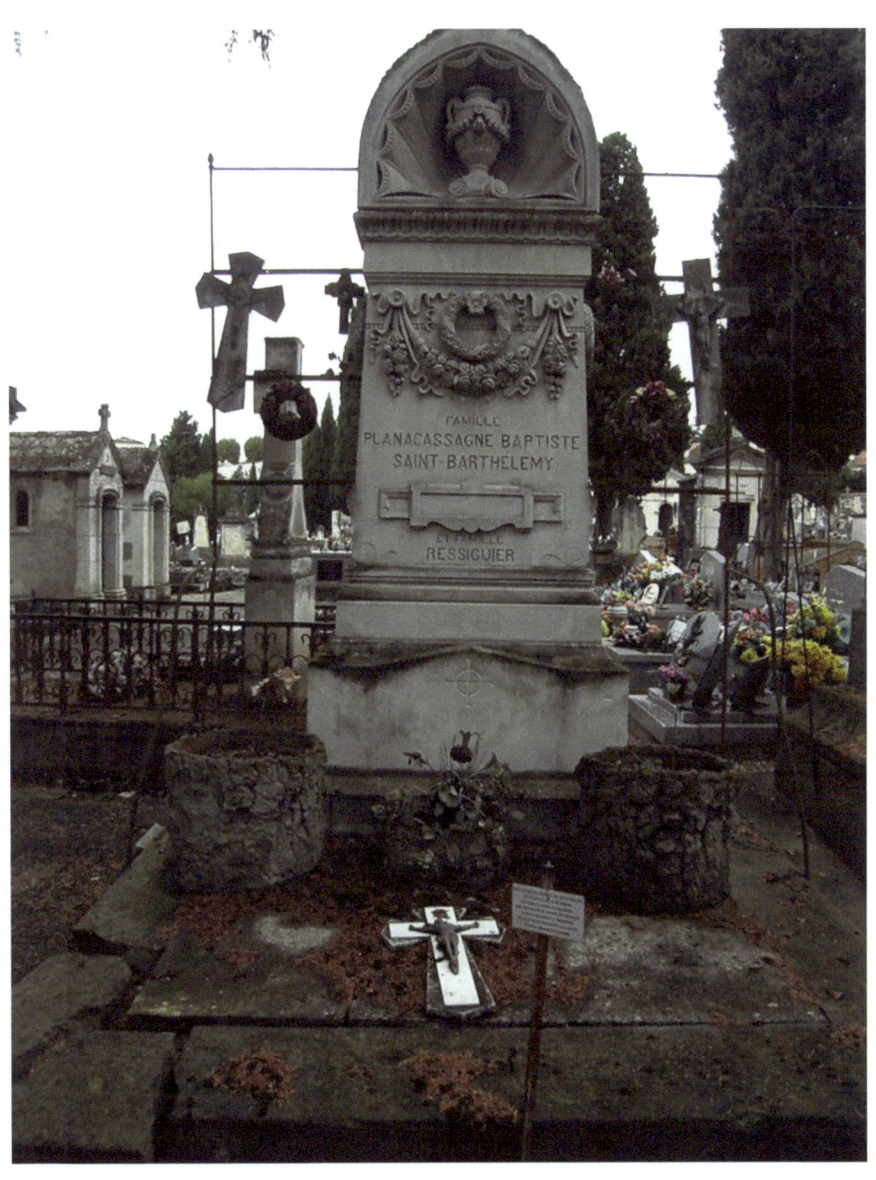

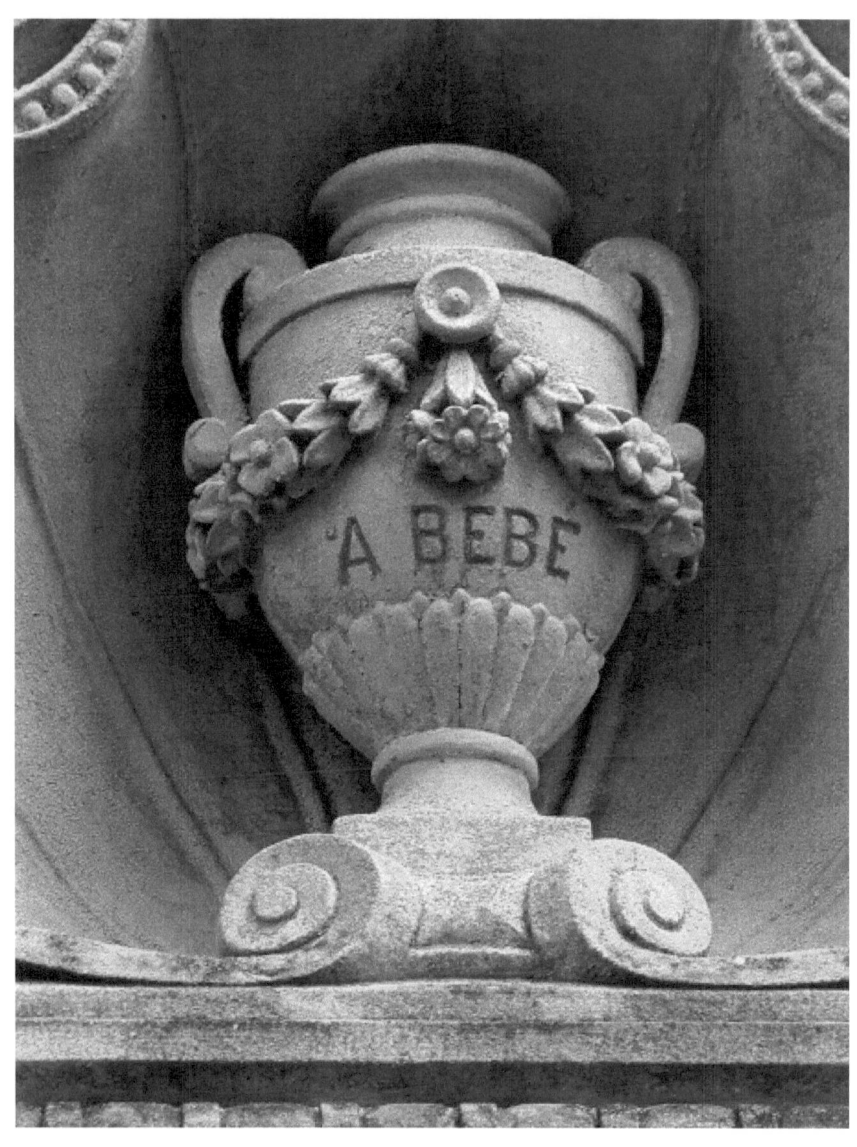

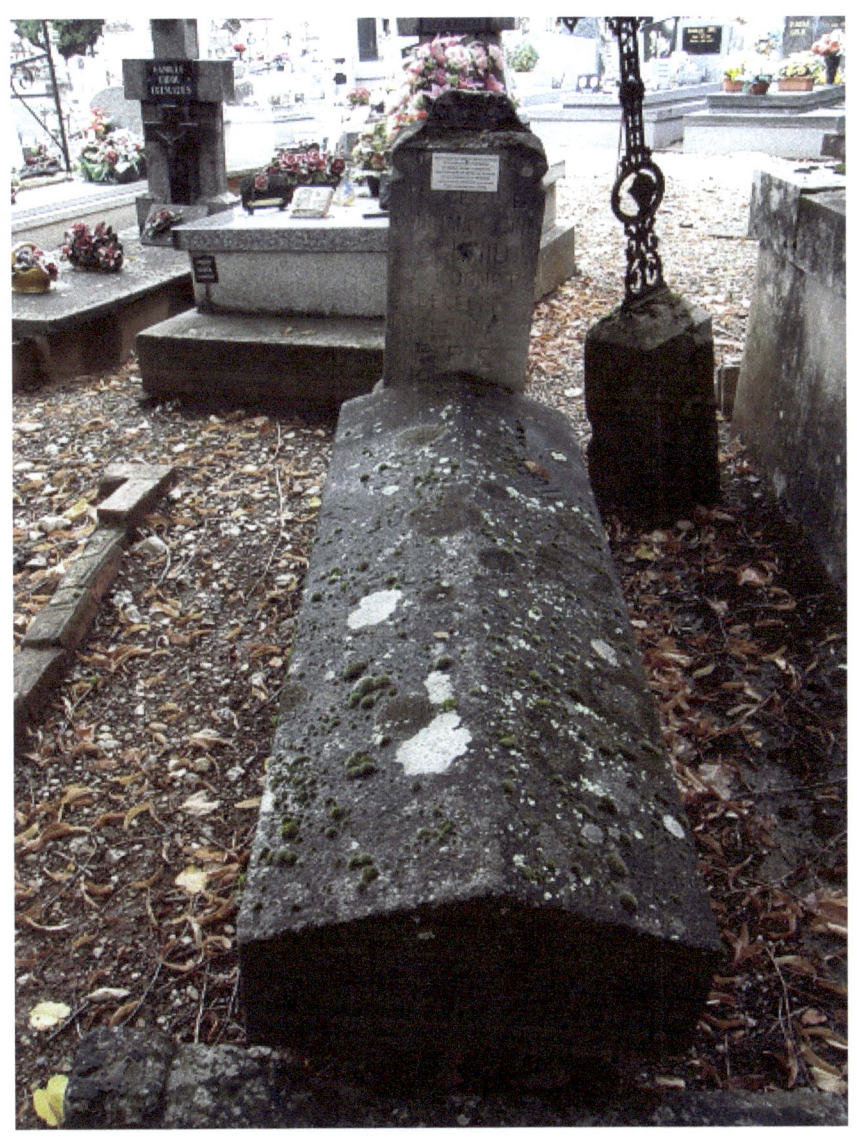

Concession à perpétuité : les mots ont pourtant un sens

Certes, la perpétuité d'une condamnation s'arrête à la mort. Il a même fallu inventer des périodes incompressibles car la perpétuité se réduisait !
Mais concession à perpétuité signifie, dans les cimetières, terrains vendus pour toujours.
Eugène Labiche croyant en cette vérité avait ironisé : « au cimetière de la gloire, il n'y a pas de concession à perpétuité. »
Au cimetière de la gloire, les concessions sont parfois perpétuelles mais disparaissent rapidement des mémoires. Qui se souviendra de Maurice Faure trente ans après les grandioses et émouvantes funérailles que ne manqueront pas de souhaiter lui accorder nos élus ?...

Qu'en penseront les générations futures ? Nous serons au moins accusés de crime contre le patrimoine ?

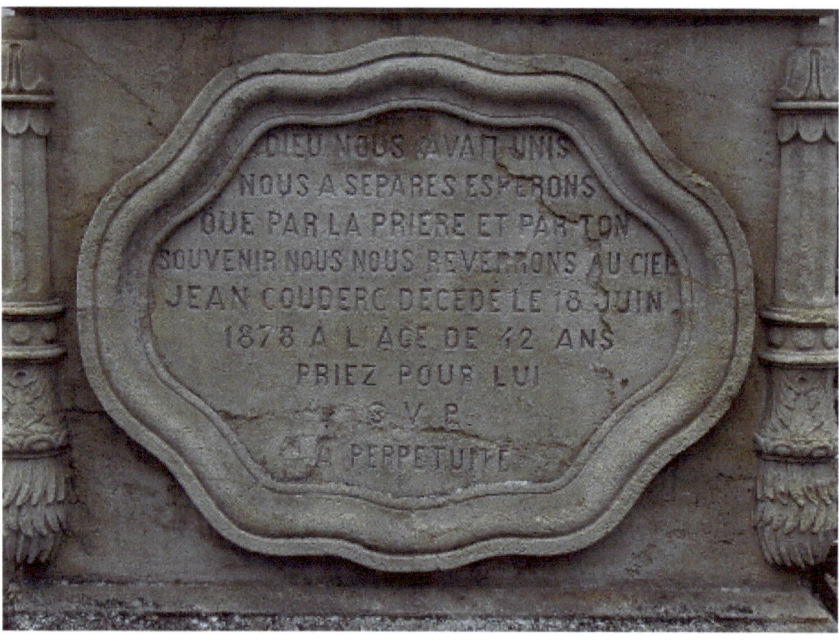

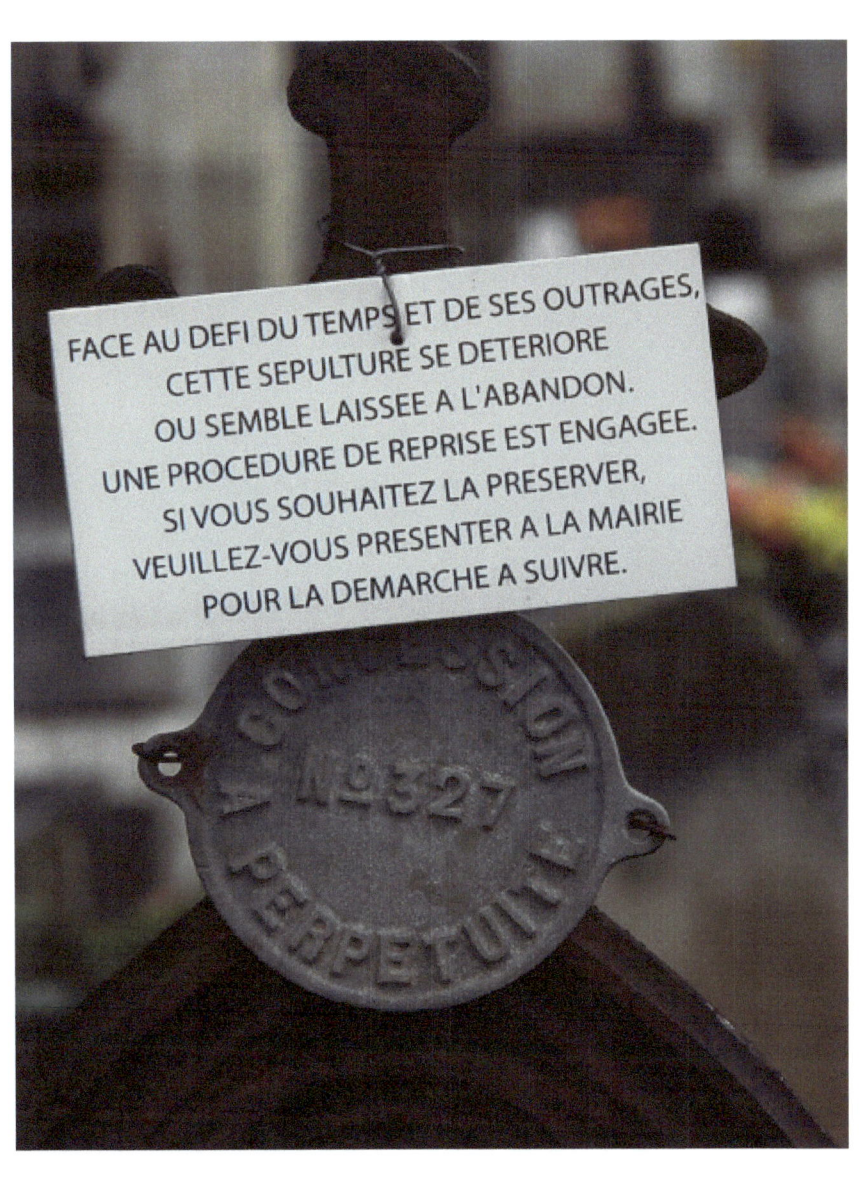

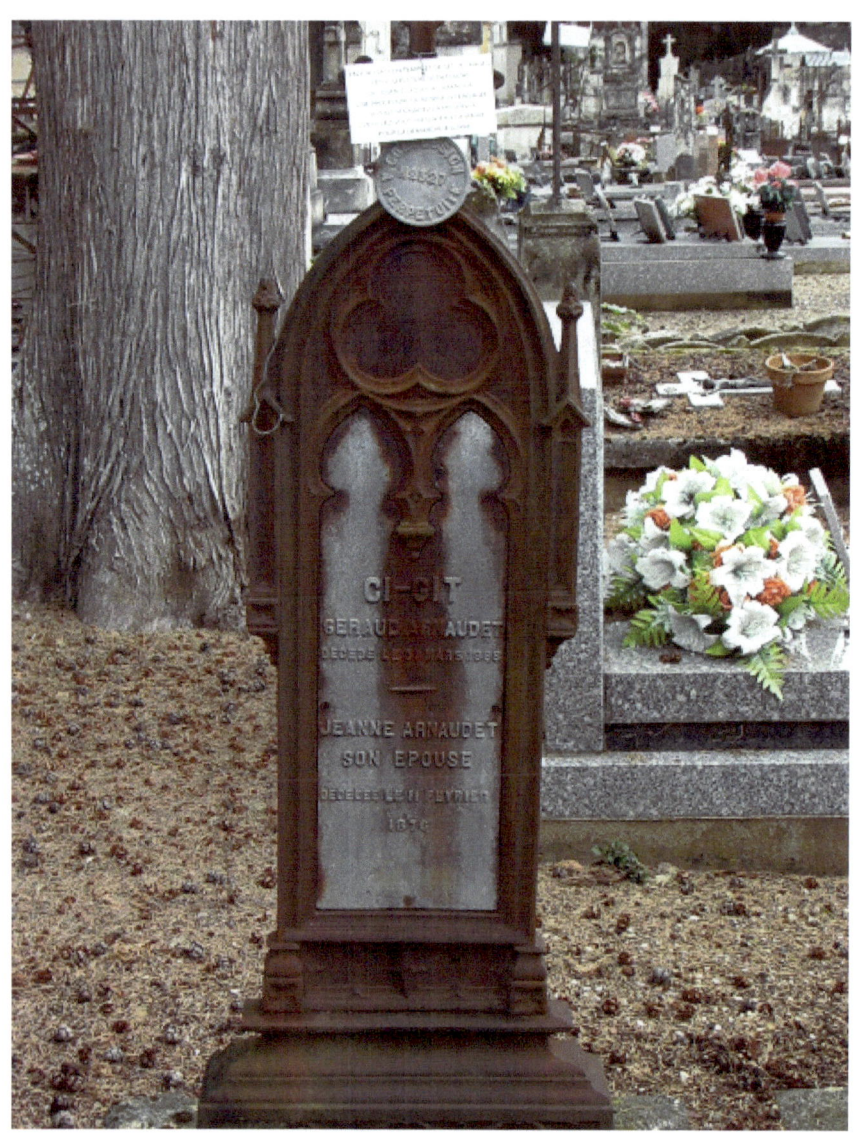

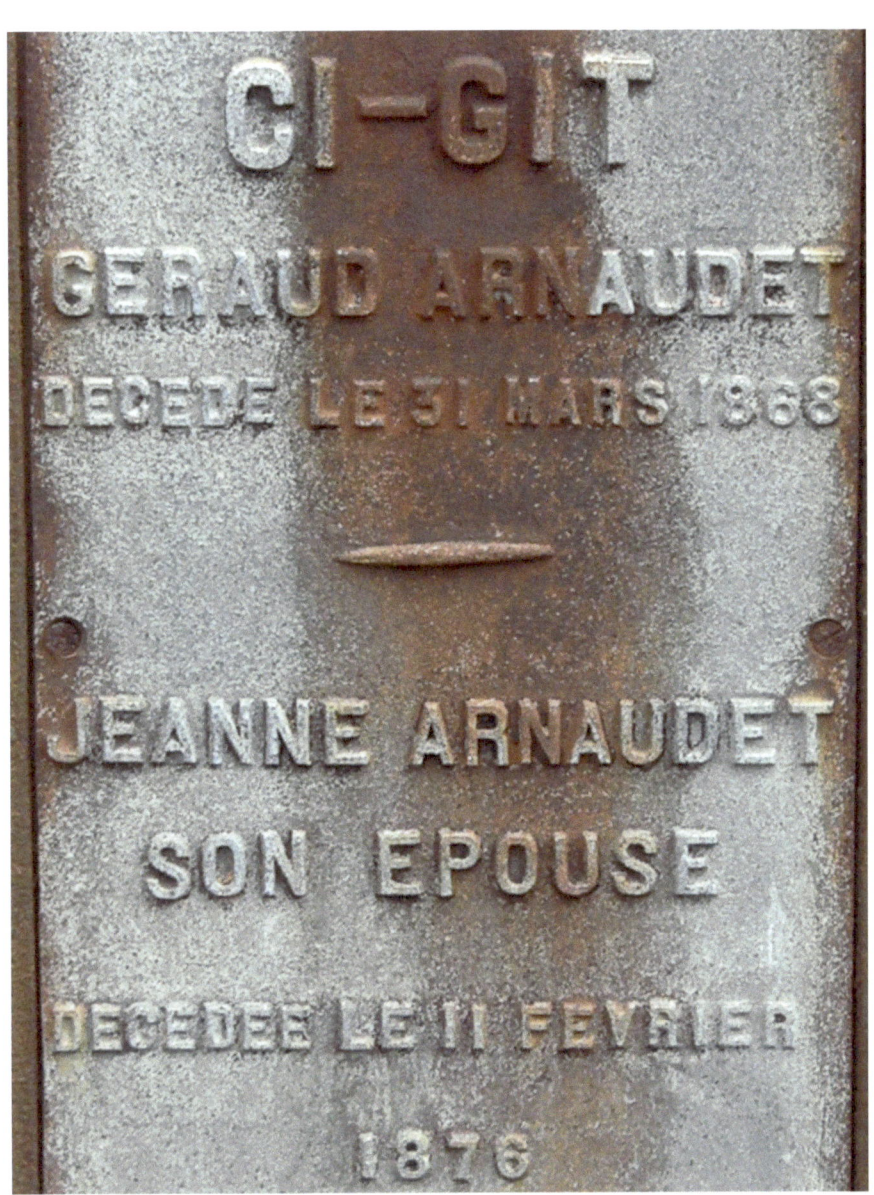

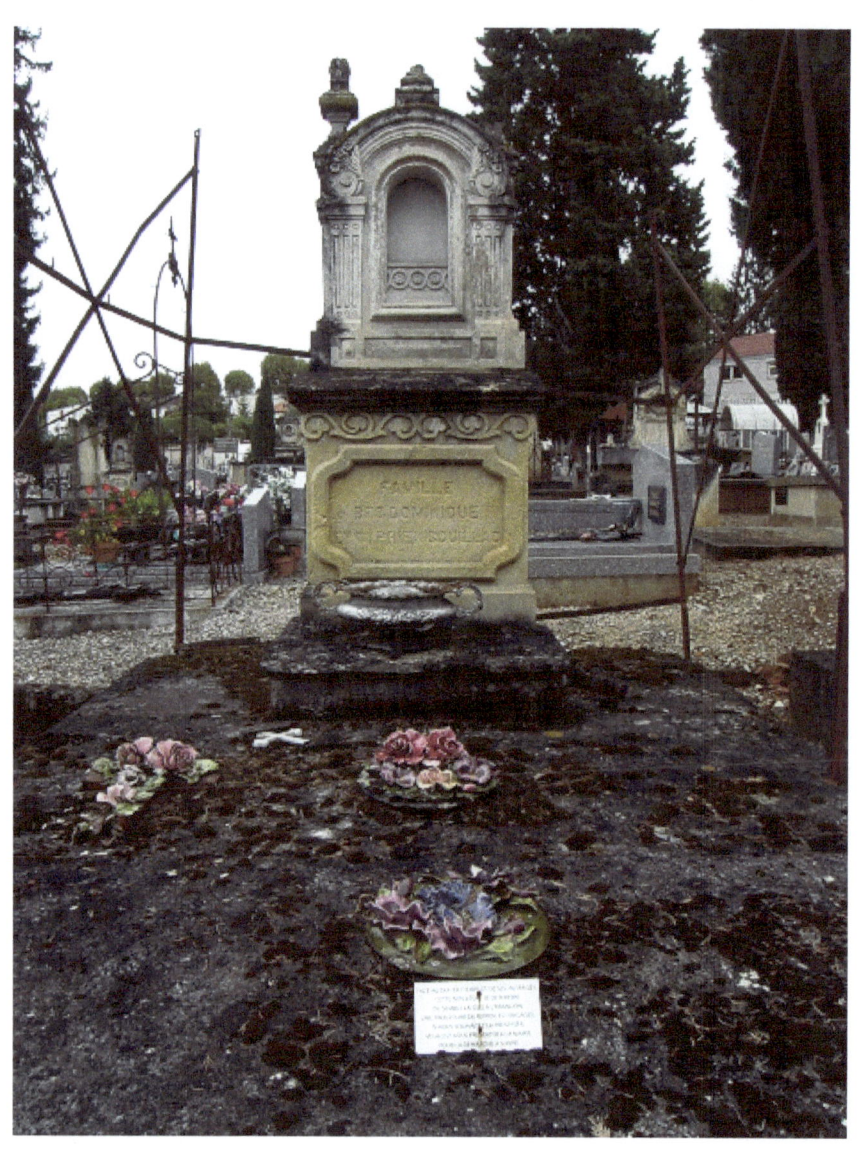

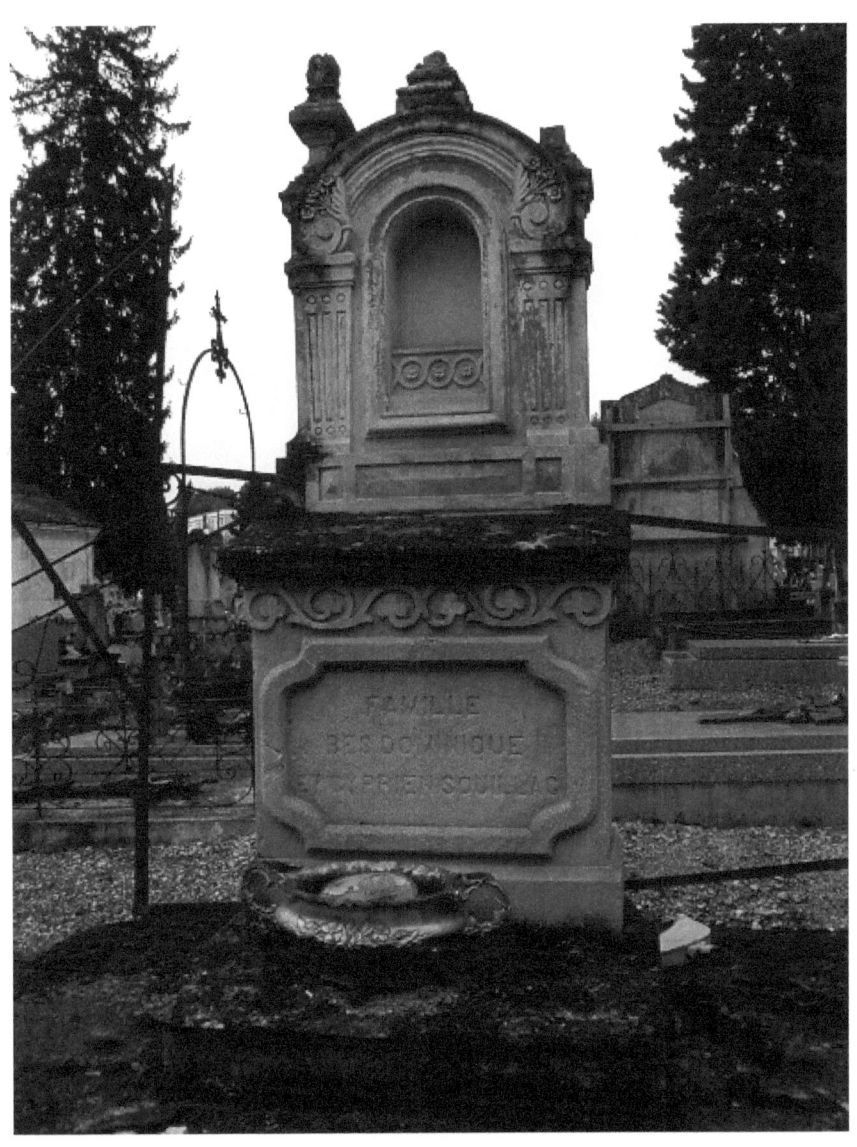

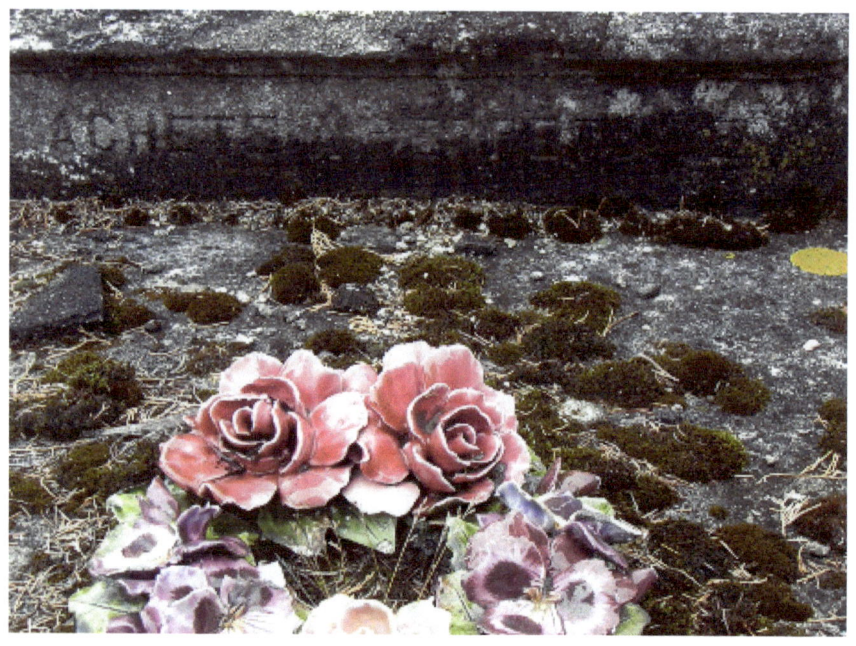

Oui, elle n'est pas parfaitement entretenue, mais on y lit bien « ACHETE A PERPETUITE » et son état ne justifie nullement sa destruction .

Les préconisations du gouvernement

Les collectivités territoriales > Missions des Collectivités locales > Droit funéraire > Cimetières et concessions

Reprise de concessions funéraires en état d'abandon

La procédure de reprise des concessions funéraires en état d'abandon est subordonnée à trois conditions :

1) La concession doit avoir plus de trente ans. La durée d'une concession se calcule à partir de la date de l'acte qui l'a concédée (art. L. 2223-17 du code général des collectivités territoriales).

2) La dernière inhumation doit dater de plus de dix ans. Si une inhumation a été faite dans la concession depuis moins de dix ans, la procédure de reprise ne peut être engagée, même si la concession a plus de trente ans (art. R. 2223-12 du code - 2ème alinéa).

3) S'il s'agit d'une concession centenaire ou perpétuelle, l'entretien de la concession ne doit pas incomber à la commune ou à un établissement public en exécution d'une donation ou d'une disposition testamentaire régulièrement acceptée (art. R. 2223-23 du code).

Par ailleurs, en l'état actuel du droit, aucun texte ne définit la notion d'abandon d'une concession funéraire, seules les circulaires ministérielles du 30 mai 1924 et du 22 mars 1962 ont apporté des précisions à ce sujet. La notion d'état d'abandon, état en fonction duquel le terrain affecté peut être repris par la commune résulterait, en faisant une interprétation littérale de l'article L.2223-17 du CGCT, du défaut d'entretien, et ne semblerait pas devoir impliquer nécessairement l'état de ruine de la sépulture.

La circulaire du 22 mars 1962 précise également que cet état se décèle par des signes extérieurs nuisibles au bon ordre et à la décence du cimetière et que c'est dans cet esprit de respect de la décence inhérente aux lieux de repos des morts qu'il convient de rechercher si l'état d'abandon d'une concession justifie sa reprise.

Il ressort de la jurisprudence qu'une concession qui offre une vue déplorable, « délabrée et envahie par les ronces ou autres plantes parasites » (CE, 24 novembre 1971, Commune de Bourg-sur-Gironde, Lebon p.704), ou « recouvertes d'herbe ou sur lesquelles poussent des arbustes sauvages » (CAA de Nancy, 3 novembre 1994), est la preuve de son abandon.

Mais, quelle que soit l'ancienneté d'une concession, quelque certitude que l'on puisse avoir de son abandon, par exemple en raison de l'extinction complète de la famille, et sous réserve de l'appréciation souveraine du juge, la procédure ne peut pas être engagée en l'absence de signes extérieurs d'abandon.

http://www.dgcl.interieur.gouv.fr/sections/les_collectivites_te/missions_collectivit/droit_funeraire/cimetieres_et_conces/

Monsieur le maire de Cahors et ses assesseurs peuvent donc jurer devant l'Histoire qu'ils on vu « des signes extérieurs nuisibles au bon ordre et à la décence du cimetière » sur l'ensemble des tombes étiquetées ?
J'écrirai naturellement à monsieur Jean-Marc Vayssouze-Faure, pour lui signaler que ce livre lui est dédié (je doute fort que *la Dépêche du Midi* s'en charge ! Elle qui évite soigneusement d'évoquer le moindre de mes écrits...)

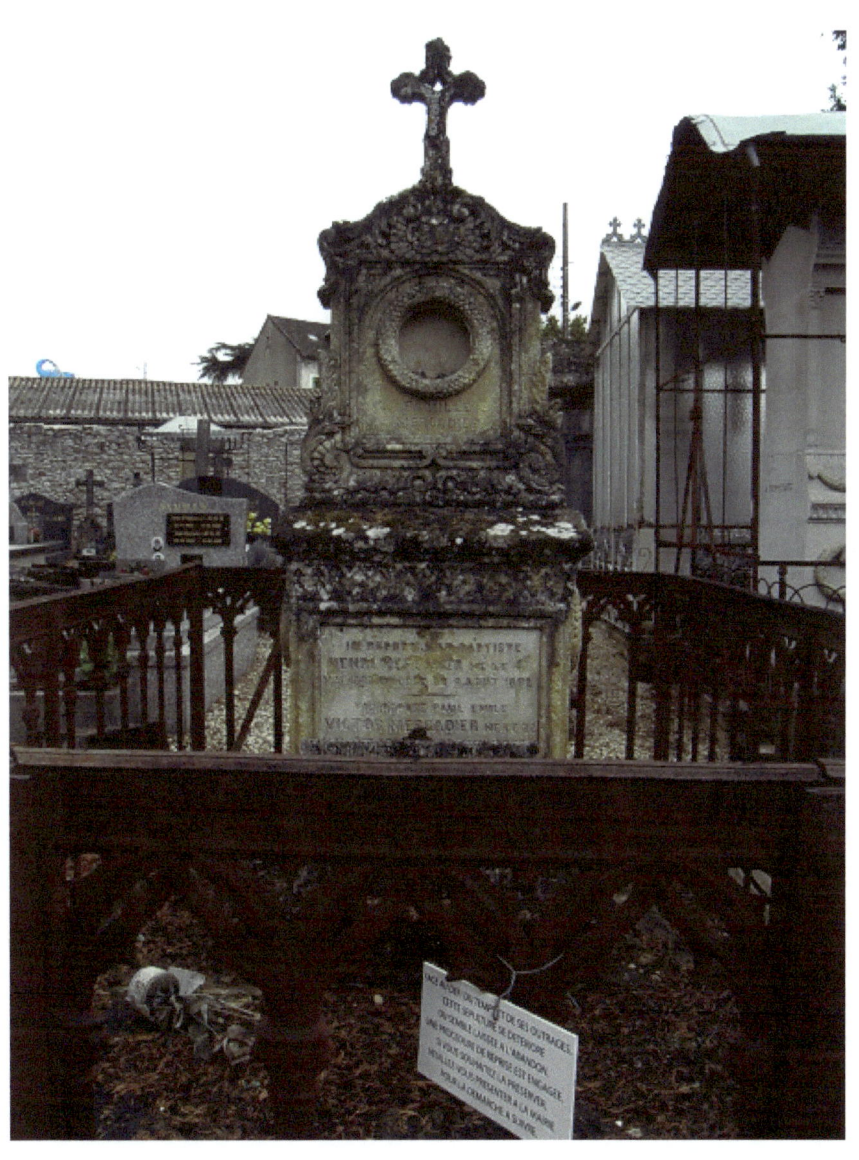

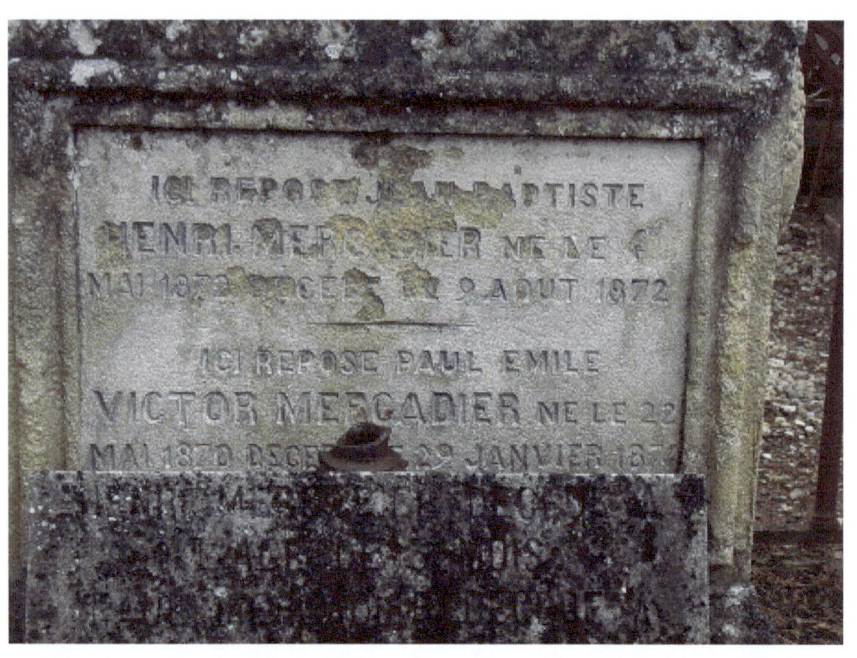
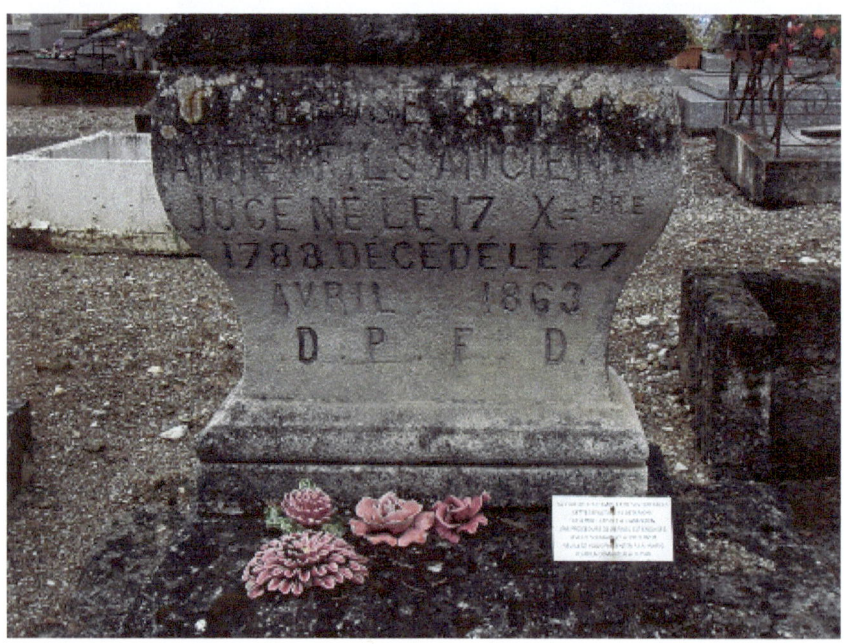

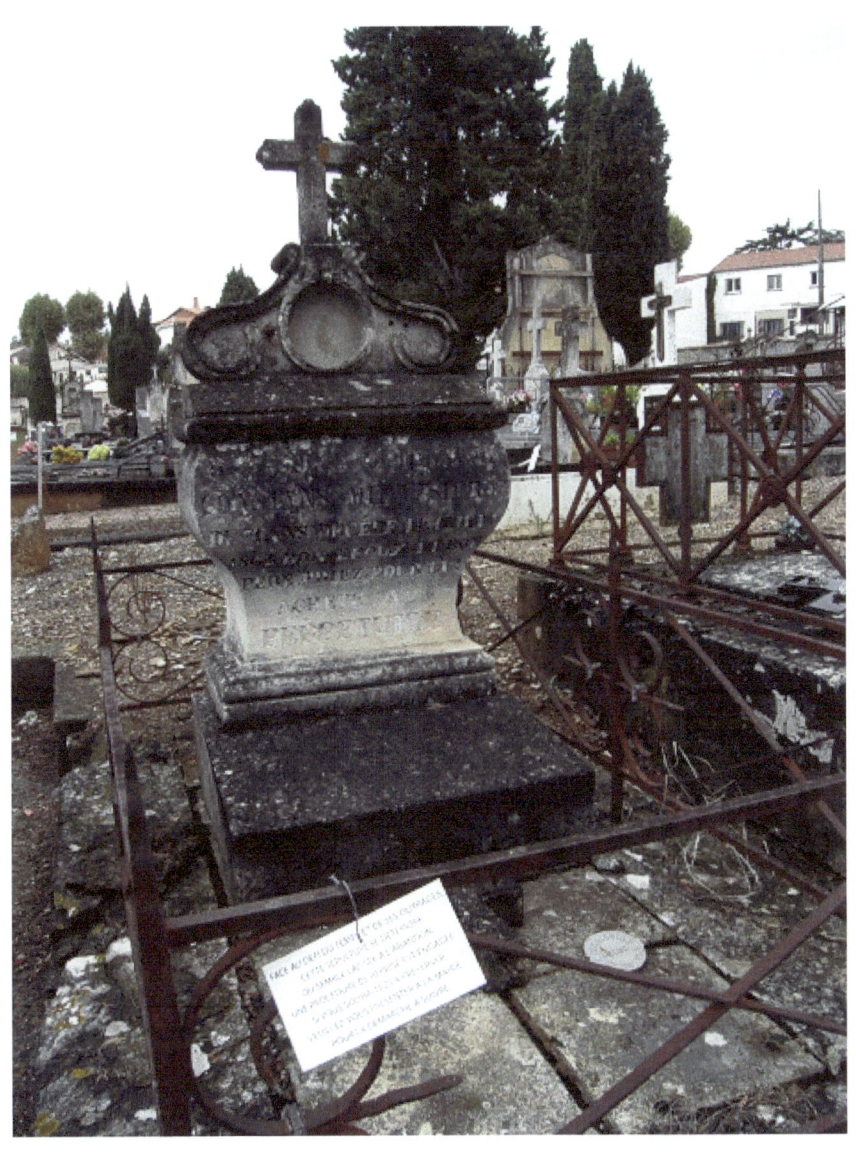

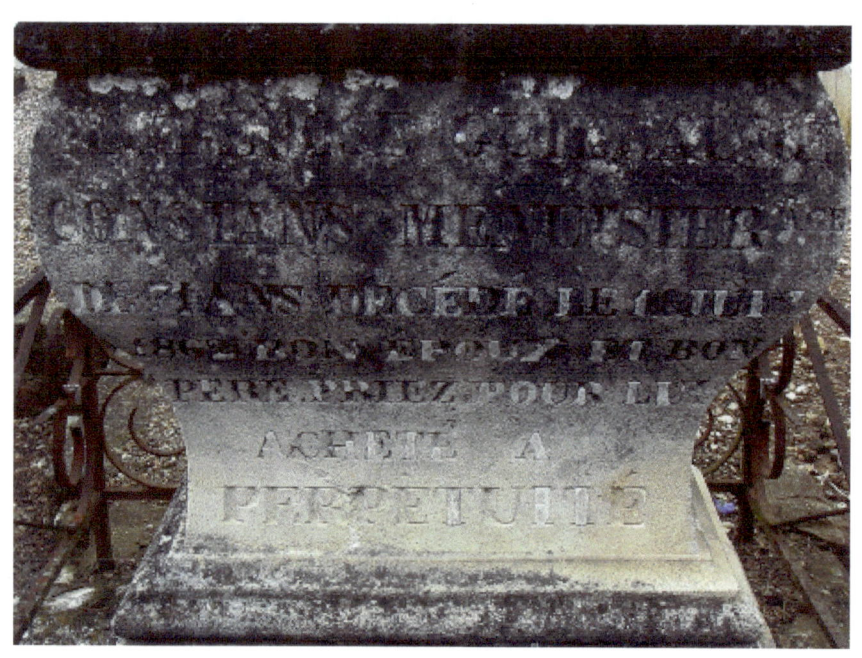

Adéle et Marie Borie

Adéle Borie est décédée le 23 novembre 1878 à l'âge de 70 ans.
Marie Borie est décédée le 11 février 1879 à l'âge de 71 ans.
Elles étaient donc vraisemblablement jumelles.

Sur leur tombeau est gravé : NOTRE DAME DE LOURDES, PROTEGEZ-NOUS.
Au dos : À PERPETUITÉ.

Lors de mes recherches sur quelques noms de ce cimetière, une notice m'est apparue par la magie de google :
http://v2.patrimoines.midipyrenees.fr/fileadmin/DOC_LIE/IVR73/IA46DVER/IA46000241_01.pdf

Un document PDF à entête de la région Midi-Pyrénées et de la ville de Cahors.
Du Service régional de l'Inventaire, 2004
Sur le TOMBEAU d'Adèle et Marie Borie.
Signé Alexia Aleyrangues en octobre 2004.

"*Les différentes recherches menées auprès des archives n'ont pas pu fournir de renseignements concernant la date d'achat et le concessionnaire de ce tombeau. Le style du tombeau renvoie à l'éclectisme du XIXe siècle et il est fort probable qu'il ait été édifié durant la seconde moitié du XIXe siècle comme l'indiquent les dates de décès. La stèle est placée à la tête d'un garde-corps en fonte. Elle adopte la forme d'un petit autel avec une partie supérieure très ornée. Des colonnes torses avec des motifs de boules et de fleurs peintes servent de support à une forme de toit. Le fronton est orné d'une main d'homme et d'une main de femme qui se serrent tandis que les acrotères intègrent des visages. Des crochets de motifs végétaux sont placés sur les rampants du toit.
Au-dessous, un drapé encadre les inscriptions. L'ensemble propose donc une esthétique très chargée qui s'inspire de plusieurs époques.*"

Une photo témoigne qu'alors aucun projet de reprise ne le visait... Sinon, naturellement, il serait déjà disparu.
Les photos témoignent également qu'en huit ans la tombe ne s'est pas détériorée à une exponentielle vitesse. Alors, pourquoi, aujourd'hui les jours de ce tombeau sont comptés ? Un exemple de ce que la région (et la ville) met en valeur et que la ville souhaite détruire. En 2004 Marc Lecuru était maire. Depuis 2008 il s'agit de Jean-Marc Vayssouze-Faure.

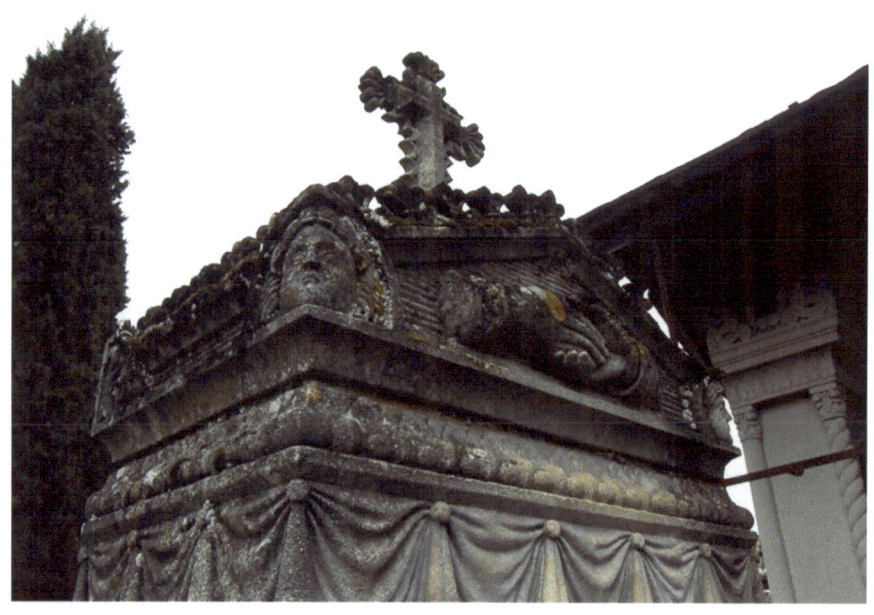

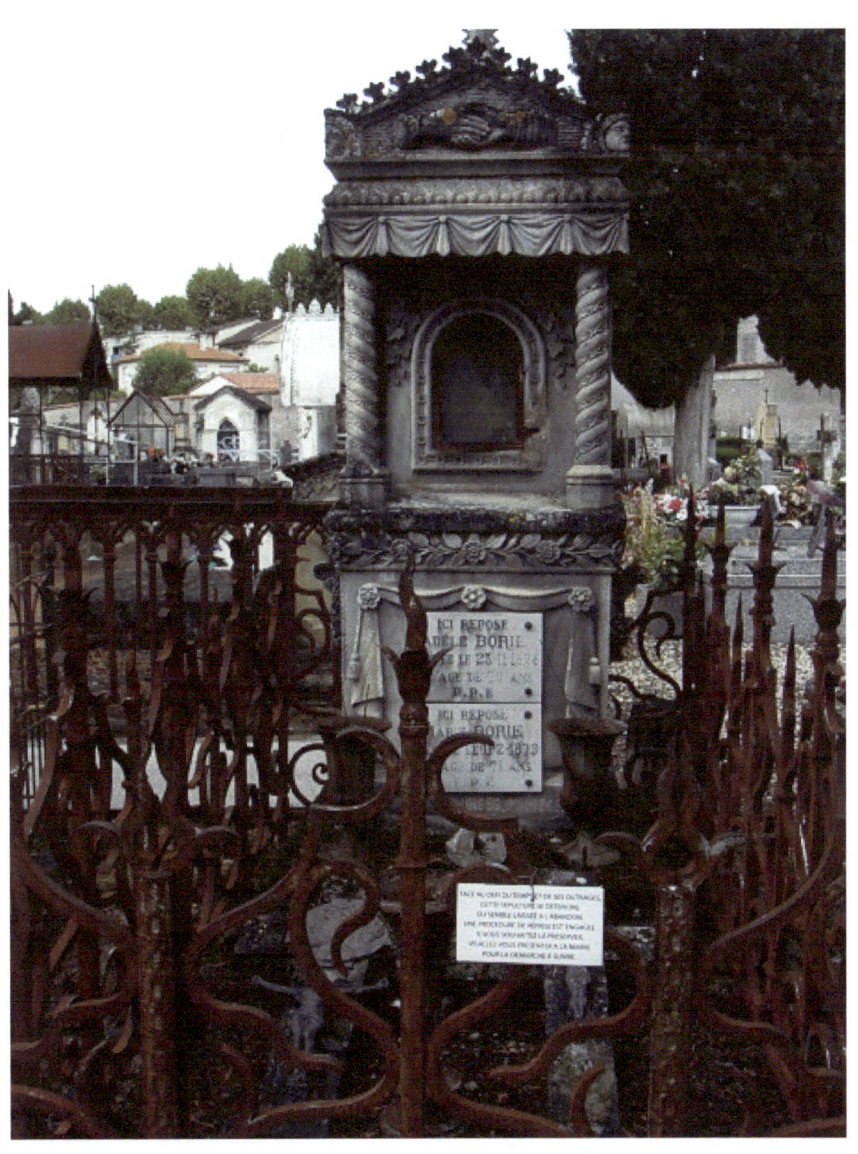

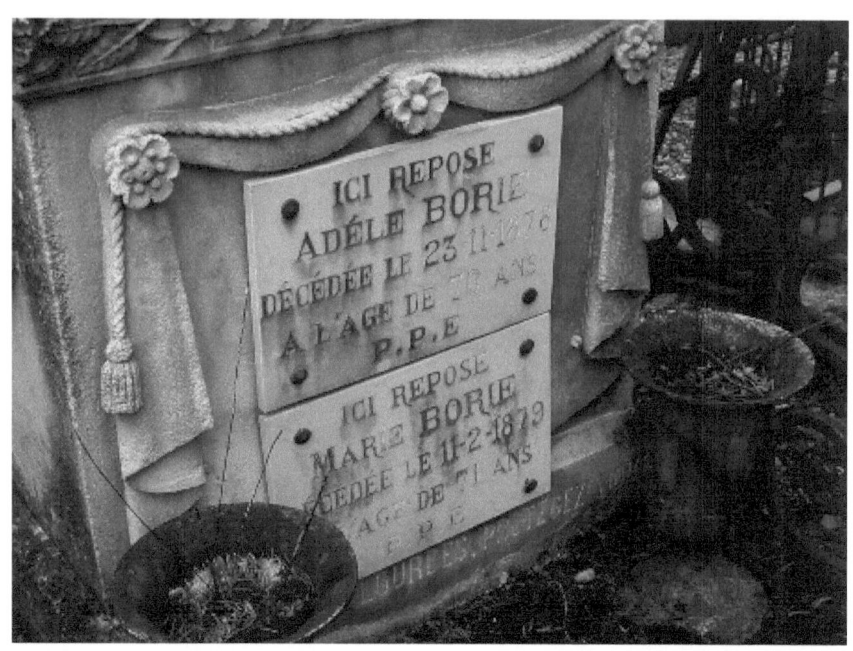

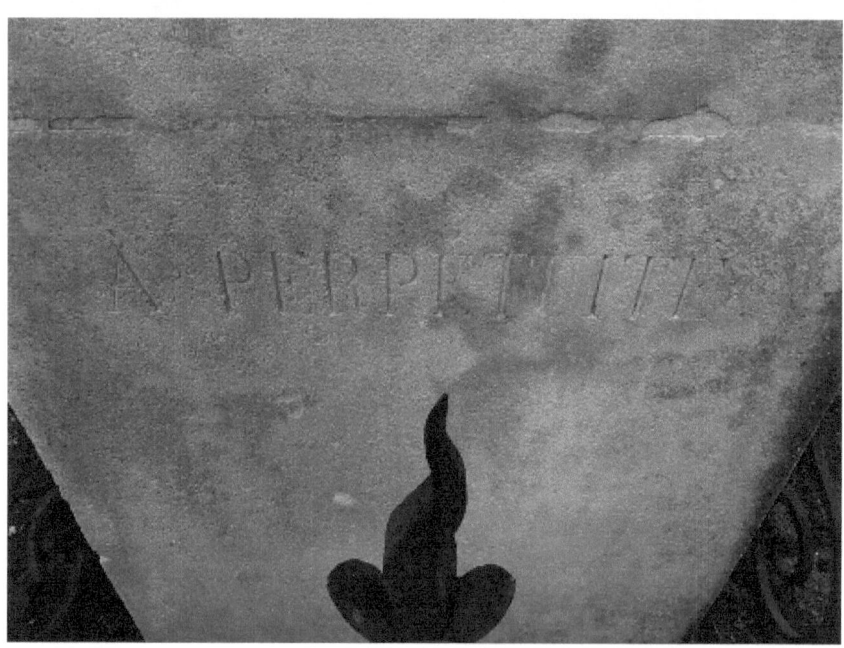

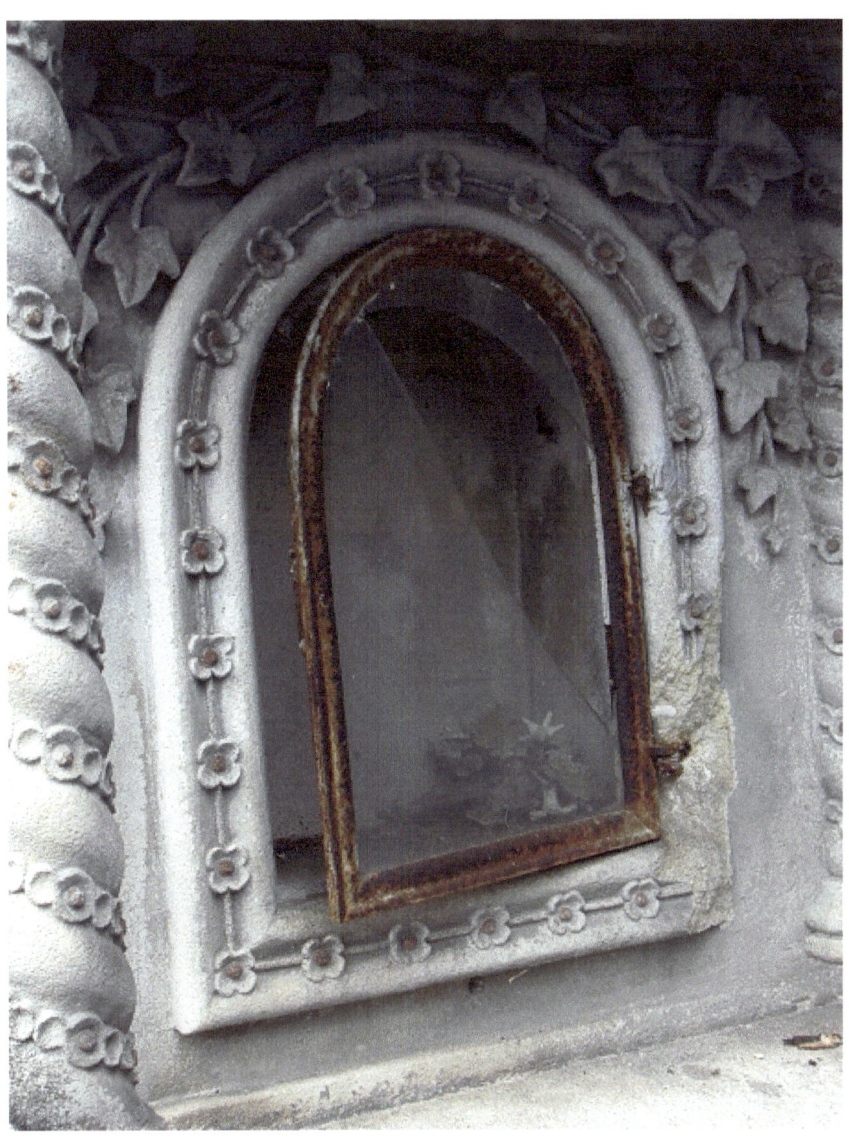

Est-ce la rouille ou cette effraction qui justifie la reprise, monsieur le maire ?

Les textes de loi

Article R. 2223-10

En cas de translation d'un cimetière, les concessionnaires sont en droit d'obtenir, dans le nouveau cimetière, un emplacement égal en superficie au terrain qui leur avait été concédé.

Conformément au 14° de l'article L. 2321-2, les restes qui y avaient été inhumés sont transportés aux frais de la commune.

Article R. 2223-11

Des tarifs différenciés pour chaque catégorie de concessions sont fixés par le conseil municipal de la commune.

Ces tarifs peuvent, dans chaque classe, être progressifs, suivant l'étendue de la surface concédée, pour la partie de cette surface qui excède 2 mètres carrés.

Article R. 2223-12

Conformément à l'article L. 2223-17, une concession perpétuelle ne peut être réputée en état d'abandon avant l'expiration d'un délai de trente ans à compter de l'acte de concession.

La procédure prévue par les articles L. 2223-4, R. 2223-13 à R. 2223-21 ne peut être engagée que dix ans après la dernière inhumation faite dans le terrain concédé.

Article R. 2223-13

L'état d'abandon est constaté par un procès-verbal dressé par le maire ou son délégué après transport sur les lieux, en présence d'un fonctionnaire de police délégué par le chef de circonscription ou, à défaut de ce dernier, d'un garde-champêtre ou d'un policier municipal.

Les descendants ou successeurs des concessionnaires, lorsque le maire a connaissance qu'il en existe encore, sont avisés un mois à l'avance, par lettre recommandée avec demande d'avis de réception, du jour et de l'heure auxquels a lieu la constatation. Ils sont invités à assister à la visite de la concession ou à se faire représenter.

Il est éventuellement procédé de même à l'égard des personnes chargées de l'entretien de la concession.

Dans le cas où la résidence des descendants ou successeurs des concessionnaires n'est pas connue, l'avis mentionné ci-dessus est affiché à la mairie ainsi qu'à la porte du cimetière.

Article R. 2223-14

Le procès-verbal :

-indique l'emplacement exact de la concession ;

-décrit avec précision l'état dans lequel elle se trouve ;

-mentionne, lorsque les indications nécessaires ont pu être obtenues, la date de l'acte de concession, le nom des parties qui ont figuré à cet acte, le nom de leurs ayants-droit et des défunts inhumés dans la concession.

Copie de l'acte de concession est jointe si possible au procès-verbal.

Si l'acte de concession fait défaut, il est dressé par le maire un acte de notoriété constatant que la concession a été accordée depuis plus de trente ans.

Le procès-verbal est signé par le maire et par les personnes qui, conformément à l'article R. 2223-13, ont assisté à la visite des lieux.

Lorsque les descendants ou successeurs des concessionnaires ou les personnes chargées de l'entretien de la tombe refusent de signer, il est fait mention spéciale de ce refus.

Article R. 2223-15

Lorsqu'il a connaissance de l'existence de descendants ou successeurs des concessionnaires, le maire leur notifie dans les huit jours copie du procès-verbal et les met en demeure de rétablir la concession en bon état d'entretien.

La notification et la mise en demeure sont faites par une seule lettre recommandée avec demande d'avis de réception.

Article R. 2223-16

Dans le même délai de huit jours, des extraits de procès-verbal sont portés à la connaissance du public par voie d'affiches apposées durant un mois à la porte de la mairie, ainsi qu'à la porte du cimetière.

Ces affiches sont renouvelées deux fois à quinze jours d'intervalle.

Un certificat signé par le maire constate l'accomplissement de ces affichages. Il est annexé à l'original du procès-verbal.

Article R. 2223-17

Il est tenu dans chaque mairie une liste des concessions dont l'état d'abandon a été constaté conformément aux articles R. 2223-12 à R. 2223-16.

Cette liste est déposée au bureau du conservateur du cimetière, si cet emploi existe, ainsi qu'à la préfecture et à la sous-préfecture.

Une inscription placée à l'entrée du cimetière indique les endroits où cette liste est déposée et mise à la disposition du public.

Article R. 2223-18

Après l'expiration du délai de trois ans prévu à l'article L. 2223-17, lorsque la concession est toujours en état d'abandon, un nouveau procès-verbal, dressé par le maire ou son délégué, dans les formes prévues par les articles R. 2223-13 et R. 2223-14, est notifié aux intéressés avec indication de la mesure qui doit être prise.

Un mois après cette notification et conformément à l'article L. 2223-17, le maire a la faculté de saisir le conseil municipal qui est appelé à décider si la reprise de la concession est prononcée ou non. Dans l'affirmative, le maire peut prendre l'arrêté prévu au troisième alinéa de l'article L. 2223-17.

Article R. 2223-19

L'arrêté du maire qui prononce la reprise des terrains affectés à une concession est exécutoire de plein droit dès qu'il a été procédé à sa publication et à sa notification.

Article R. 2223-20

Trente jours après la publication et la notification de l'arrêté, le maire peut faire enlever les matériaux des monuments et emblèmes funéraires restés sur la concession.

Il fait procéder à l'exhumation des restes des personnes inhumées. Pour chaque concession, ces restes sont réunis dans un cercueil de dimensions appropriées.

Article R. 2223-21

Les terrains occupés par les concessions reprises peuvent faire l'objet d'un nouveau contrat de concession seulement lorsque les prescriptions des articles L. 2223-4, R. 2223-6, R. 2223-19 et R. 2223-20 ont été observées.

Article R. 2223-22

Les articles L. 2223-4, R. 2223-12 à R. 2223-21 ne dérogent pas aux dispositions qui régissent les sépultures militaires.

Lorsqu'une personne dont l'acte de décès porte la mention " Mort pour la France " régulièrement inscrite a été inhumée dans une concession perpétuelle ou centenaire, celle-ci ne peut faire l'objet d'une reprise avant l'expiration d'un délai de cinquante ans à compter de la date de l'inhumation. Cette disposition ne s'applique pas dans le cas où vient à expirer au cours des cinquante ans une concession centenaire.

Article R. 2223-23

Une concession centenaire ou perpétuelle ne peut faire l'objet d'une reprise lorsque la commune ou un établissement public est dans l'obligation de l'entretenir en exécution d'une donation ou d'une disposition testamentaire régulièrement acceptée.

Art. R. 2223-23-1

En cas de translation du site cinéraire, les titulaires des emplacements sont en droit d'obtenir, dans le nouveau site cinéraire, un emplacement répondant à des caractéristiques identiques.

Art. R. 2223-23-2

Lorsqu'ils sont concédés, les espaces pour le dépôt ou l'inhumation des urnes dans le site cinéraire sont soumis aux dispositions des articles R. 2223-11 à R. 2223-23.

Toutefois, lors de la reprise de la concession, l'urne est déposée dans l'ossuaire communal ou les cendres dispersées dans l'espace aménagé à cet effet.

Art. R. 2223-23-3

L'autorisation de retirer une urne d'une concession d'un site cinéraire est accordée par le maire dans les conditions définies à l'article R. 2213-40.

Dans les sites cinéraires ne faisant pas l'objet de concessions, le dépôt et le retrait d'une urne d'un emplacement sont subordonnés à une déclaration préalable auprès du maire de la commune d'implantation du site cinéraire.

Art. R. 2223-23-4

Les gestionnaires des sites cinéraires veillent à ce qu'aucun document de nature commerciale n'y soit visible, à l'exception des tarifs de leurs prestations.

Art. R. 2223-23-5

Le règlement national des pompes funèbres prévu à l'article L. 2223-20 est constitué par les dispositions des articles R. 2223-24 à R. 2223-33, R. 2223-40 à R. 2223-55-1, R. 2223-67 à R. 2223-72, R. 2223-75 à R. 2223-79 et R. 2223-88 à R. 2223-95.

Des sangliers dans l'autre cimetière

Il faut protéger les cimetières des sangliers ! Il faut surtout les protéger des maires ! Et comme les maires ne font qu'appliquer la loi, il faut changer la loi.

Au cimetière Nord, celui sur la route de Brive, à côté du magnifique pigeonnier délabré, vraiment à l'abandon (un sujet bientôt traité, sur http://www.pigeonniers.net), en novembre 2011, des sangliers ont semé le désordre, renversant croix, plaques et pots de fleurs, de la terre fut également retournée. L'émotion, paraît-il, fut forte. L'hypothèse de profanations aurait même d'abord circulé mais nos vaillants policiers ont immédiatement repéré les traces de sabots, et n'ont pas envisagé la venue de jeunes montés sur des échasses aux pieds de cochons.

Le terrain...

Non, il ne manque pas de terrains pour enterrer nos morts... Surtout dans le Lot. A quoi bon une tombe si elle sera rapidement effacée. Cette politique vise à promouvoir l'incinération ?

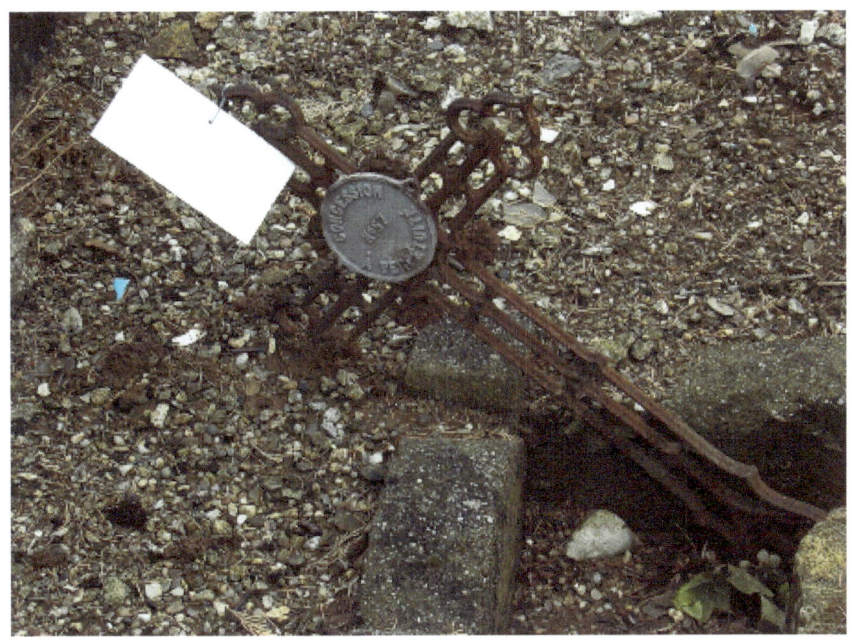

La reprise des concessions abandonnées...

Non, les concessions ne sont pas abandonnées par leurs occupants ! Aucune résurrection connue.
Pas même républicaine, sur cette terre prétendue de gauche !

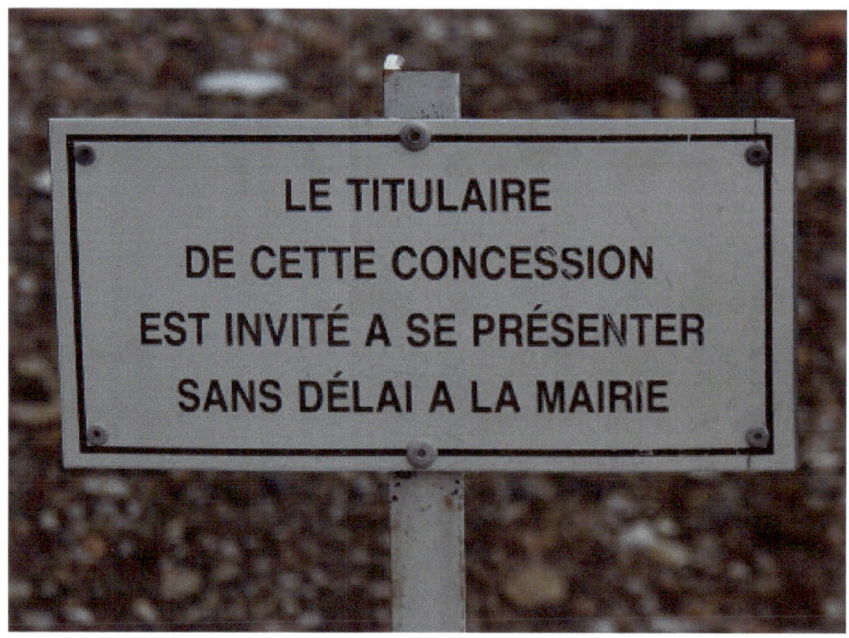

Faire changer la loi

Ce que des parlementaires ont inscrit dans notre législation pour gérer les restes humains, d'autres élus doivent le changer, ne plus occulter leur humanité en réécrivant ces dispositions. Une tombe doit être sacrée, dans un sens laïc et républicain.

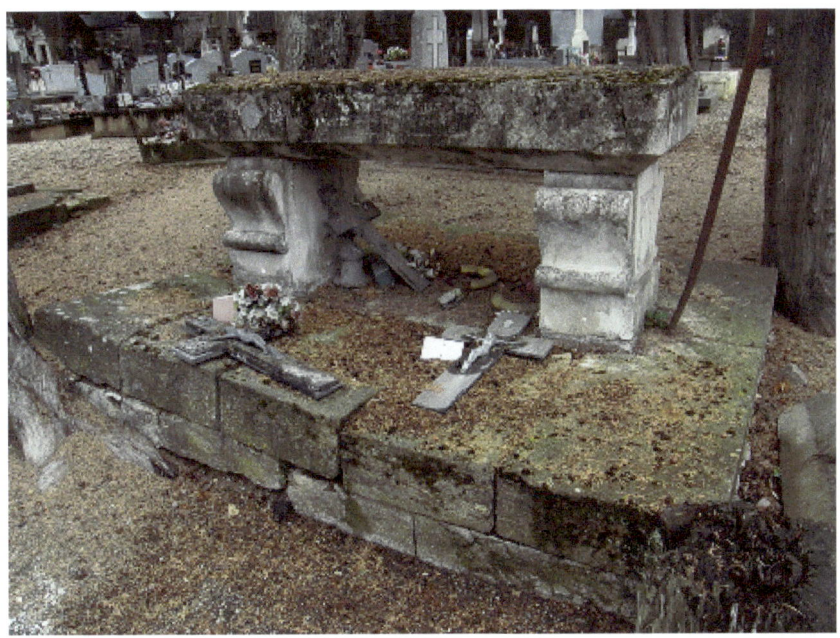

Avant le changement de la loi

Comme l'écrit le gouvernement : "*en l'état actuel du droit, aucun texte ne définit la notion d'abandon d'une concession funéraire, seules les circulaires ministérielles du 30 mai 1924 et du 22 mars 1962 ont apporté des précisions à ce sujet. La notion d'état d'abandon, état en fonction duquel le terrain affecté peut être repris par la commune résulterait, en faisant une interprétation littérale de l'article L.2223-17 du CGCT, du défaut d'entretien, et ne semblerait pas devoir impliquer nécessairement l'état de ruine de la sépulture.*
La circulaire du 22 mars 1962 précise également que cet état se décèle par des signes extérieurs nuisibles au bon ordre et à la décence du cimetière et que c'est dans cet esprit de respect de la décence inhérente aux lieux de repos des morts qu'il convient de rechercher si l'état d'abandon d'une concession justifie sa reprise."

A Cahors, les tombes victimes des panneaux de reprises, ne présentent, selon mon œil de promeneur, aucun "*signes extérieurs nuisibles au bon ordre et à la décence du cimetière.*"

Il suffirait donc d'une modeste association locale assurant un léger "entretien", avec signification à monsieur le maire, pour stopper ces procédures.
Aucun texte ne spécifiant que l'entretien incombe à "la famille."

Sinon, seules seront préservées...

Une concession centenaire ou perpétuelle ne peut faire l'objet d'une reprise lorsque la commune ou un établissement public est dans l'obligation de l'entretenir en exécution d'une donation ou d'une disposition testamentaire régulièrement acceptée.
Article R. 2223-23

Et toutes les tombes se ressembleront…

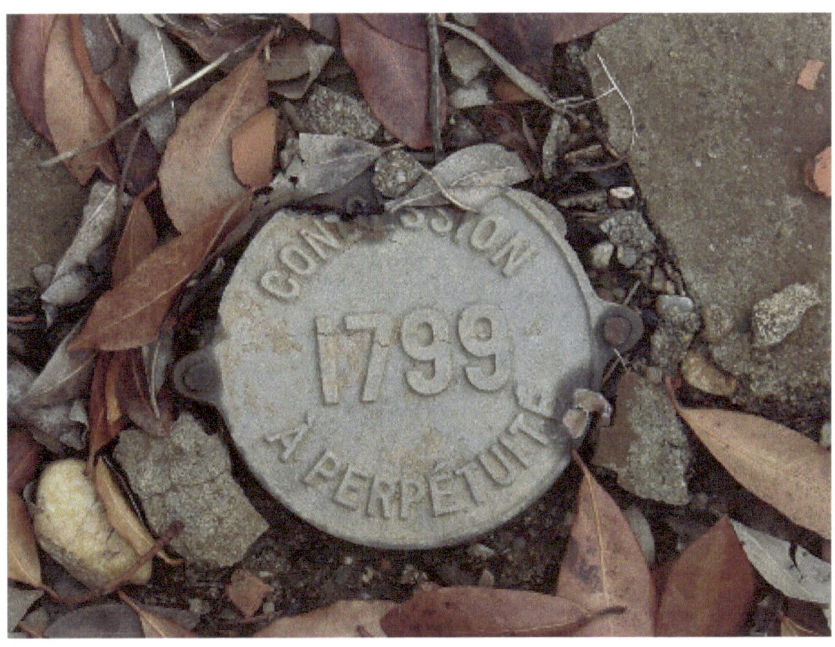

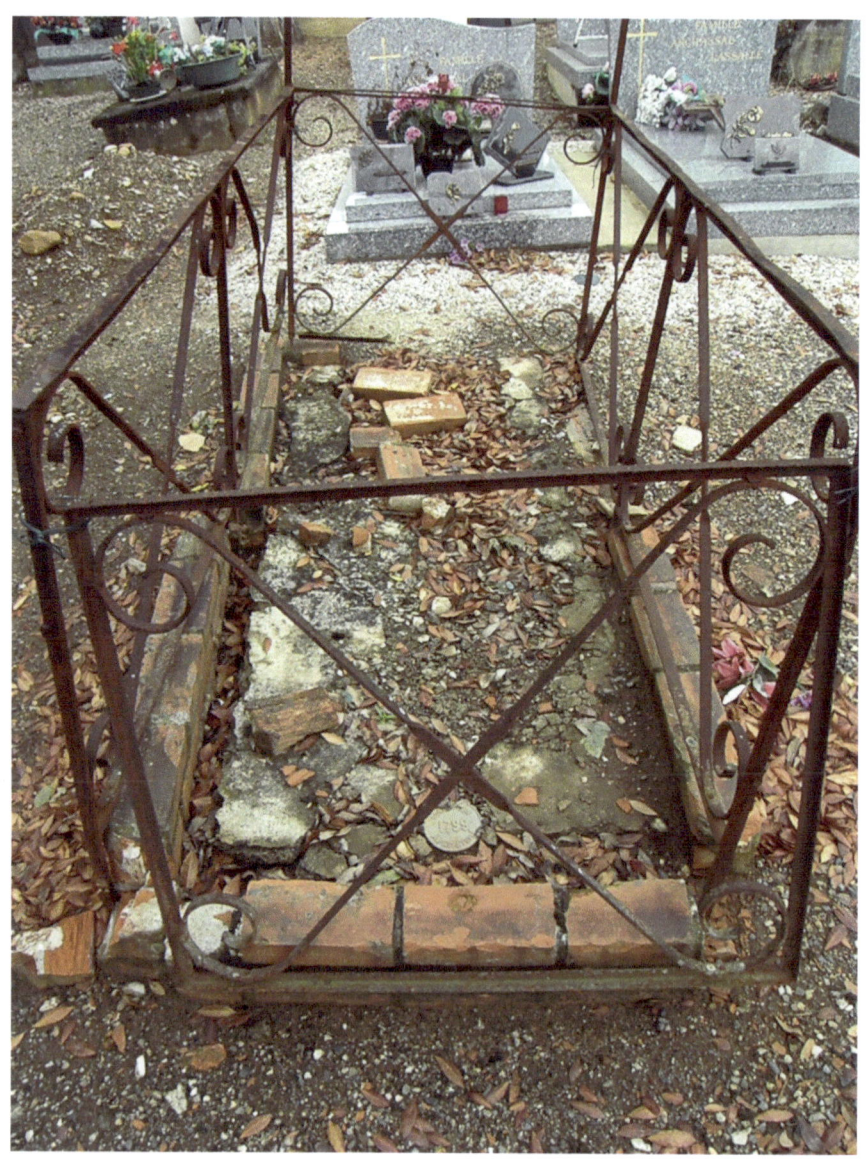

Le bronze fut dérobé, la pierre sera liquidée...

"La seule statue qui était édifiée à l'attention de J-B. Francès a été dérobée." note le Service régional de l'Inventaire, 2004, Région Midi-Pyrénées,

Le tombeau de Jean Baptiste Francès, disparu en 1871, pour lequel son fils fit graver sur une plaque d'une pierre :
"cadurciens, mes amis, gardez au cimetière ce bronze et cette pierre éternellement mis sous votre sauvegarde ; veillez, le ciel vous garde".
Ce tombeau n'est pas encore étiqueté. Question de temps ! Un voisin est déjà touché (étiquette derrière la pierre).

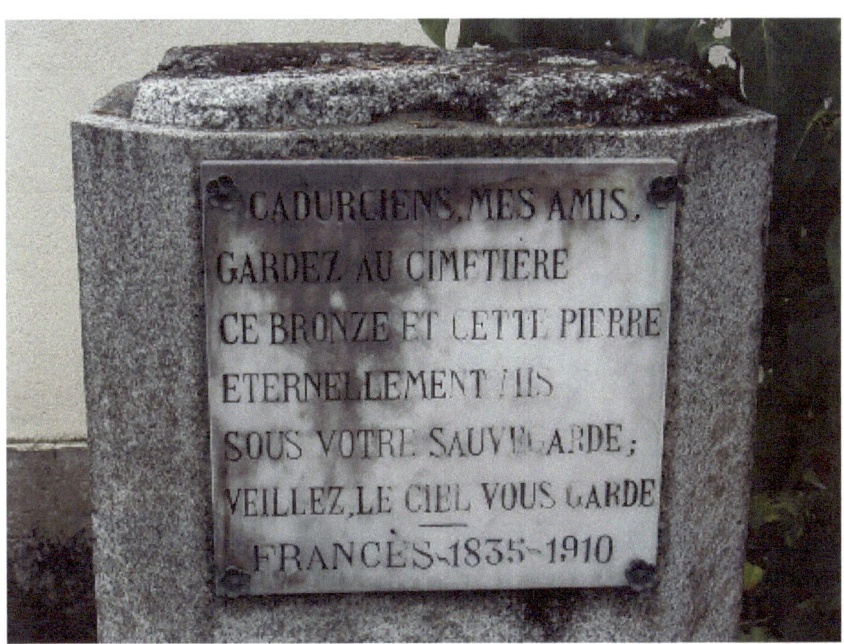

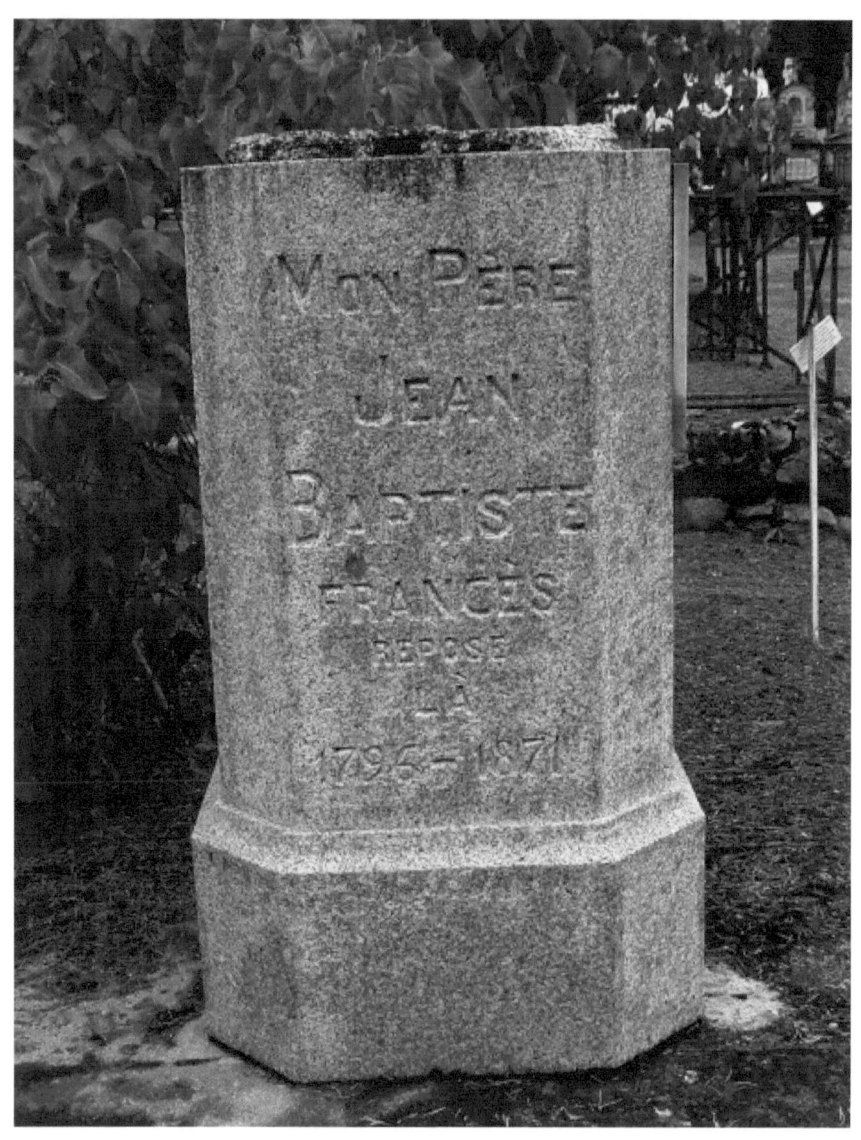

Quelles concessions en vente, en France, aujourd'hui, légalement ?

L'article. L. 2223-14 du Code Général des Collectivités Territoriales :

Les communes peuvent, sans toutefois être tenues d'instituer l'ensemble des catégories ci-après énumérées, accorder dans leurs cimetières :
1° Des concessions temporaires pour quinze ans au plus ;
2° Des concessions trentenaires ;
3° Des concessions cinquantenaires ;
4° Des concessions perpétuelles.

Il convient de préciser que ces "concessions perpétuelles" ne sont plus des concessions "à perpétuité" telles qu'elles furent instaurées par le décret révolutionnaire du 23 prairial an XII (12 juin 1804). Ça a le nom perpétuelle, ça ressemble à la perpétuité mais c'est stoppé net faute d'entretien. Ayez des enfants !

L'Article L2223-15 précise :

Les concessions sont accordées moyennant le versement d'un capital dont le montant est fixé par le conseil municipal.

Les concessions temporaires, les concessions trentenaires et les concessions cinquantenaires sont renouvelables au prix du tarif en vigueur au moment du renouvellement.

A défaut du paiement de cette nouvelle redevance, le terrain concédé fait retour à la commune. Il ne peut cependant être repris par elle que deux années révolues après l'expiration de la période pour laquelle le terrain a été concédé.

Dans l'intervalle de ces deux années, les concessionnaires ou leurs ayants cause peuvent user de leur droit de renouvellement.

Article L2223-16

Les concessions sont convertibles en concessions de plus longue durée.

Dans ce cas, il est défalqué du prix de conversion une somme égale à la valeur que représente la concession convertie, compte tenu du temps restant encore à courir jusqu'à son expiration.

Article L2223-17

Lorsque, après une période de trente ans, une concession a cessé d'être entretenue, le maire peut constater cet état d'abandon par procès-verbal porté à la connaissance du public et des familles.

Si, trois ans après cette publicité régulièrement effectuée, la concession est toujours en état d'abandon, le maire a la faculté de saisir le conseil municipal, qui est appelé à décider si la reprise de la concession est prononcée ou non.

Dans l'affirmative, le maire peut prendre un arrêté prononçant la reprise par la commune des terrains affectés à cette concession.

Article L2223-18

Un décret en Conseil d'Etat fixe :

1° Les conditions dans lesquelles sont dressés les procès-verbaux constatant l'état d'abandon ;

2° Les modalités de la publicité qui doit être faite pour porter les procès-verbaux à la connaissance des familles et du public ;

3° Les mesures à prendre par les communes pour conserver les noms des personnes inhumées dans la concession et la réinhumation ou la crémation des ossements qui peuvent s'y trouver encore ;

4° Les conditions dans lesquelles les articles L. 2223-14 à L. 2223-17 sont applicables aux concessions des espaces pour le dépôt ou l'inhumation des urnes dans le cimetière.

Les vraies concessions à perpétuité...

En l'an XII, nos ancêtres, dans un souci de salubrité publique, ont souhaité une gestion non anarchique des cimetières... Les corps étaient alors enterrés près des églises, dans les centres des villes...
Le décret du 23 prairial an XII, devenu 12 juin 1804, instaura donc des concessions naturellement perpétuelles. Il semblait sûrement inconcevable à ces pionniers qu'on aille récupérer les restes de leurs parents pour y placer de nouveaux morts.
Mais l'ordonnance du 6 décembre 1843 a ajouté les options de concessions trentenaires et temporaires (quinze ans maximum).

Le 3 janvier 1924, c'était bien pour tenter de décourager les demandes de concessions perpétuelles, que la loi instaura des concessions centenaires, puis celle du 24 février 1928 ajouta les concessions cinquantenaires.
Les communes devaient proposer toutes les classes de concessions funéraires.
Alors qu'aujourd'hui, depuis l'ordonnance du 5 janvier 1959, elles peuvent choisir parmi les options proposées.

Les concessions centenaires

Le 3 janvier 1924, c'était donc pour tenter de décourager les demandes de concessions perpétuelles, que la loi instaura des concessions centenaires.
Et c'est l'ordonnance du 5 janvier 1959 qui les supprima.

1924 - 1959

L'échéance de ces concessions centenaires débutera donc dans une dizaine d'années et elles ne pourront être renouvelées pour la même période... alors qu'il s'agissait de l'optique à leur création...
Et comme nous l'avons compris, certaines sont déjà récupérées au motif d'une absence de nettoyage...

Juste un coin de terre...

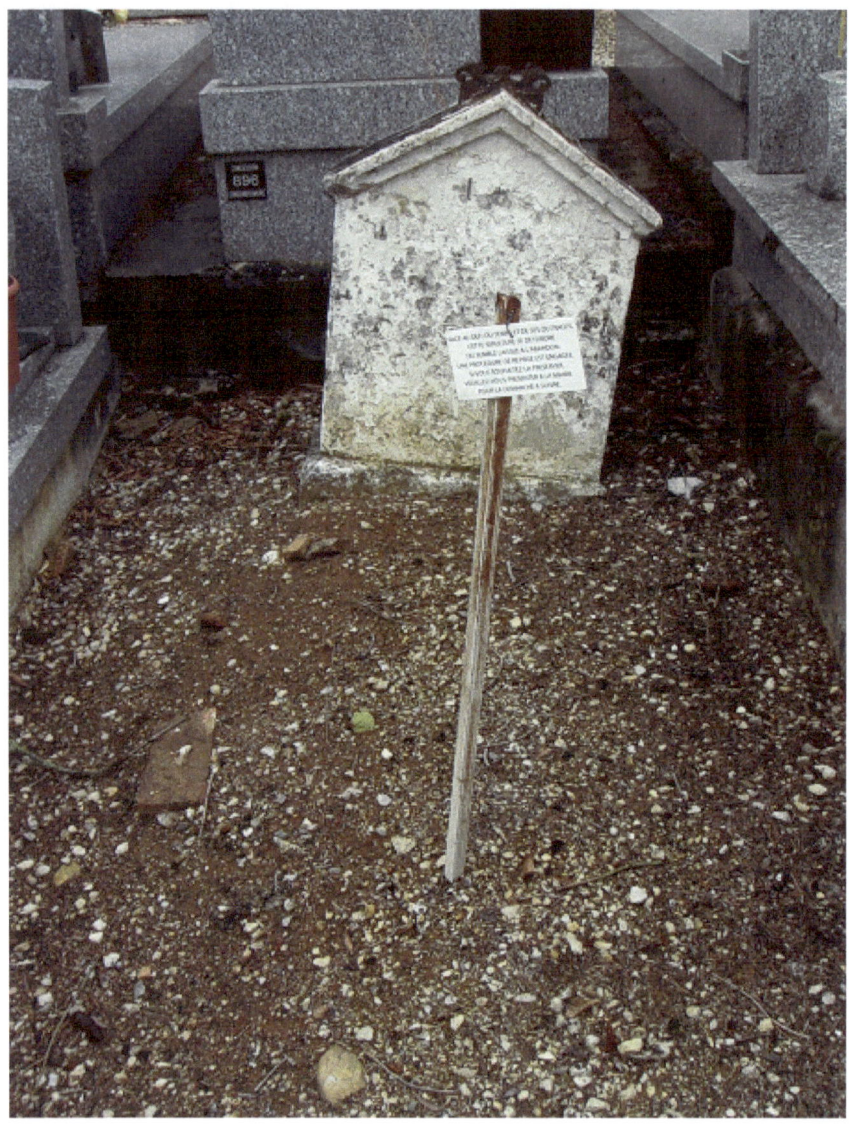

Entouré de concessions cinquantenaires, cet espace sera bientôt disponible...

La gagnante est : la femme M. Le Comte de Chamisso ancien préfet du Lot

La date la plus ancienne du cimetière de Cahors semble être celle d'Angélique Catherine Louise Victor de Cauze de Nazelle, épouse Charles Louis de Chamisso, préfet du Lot, décédée le 7 novembre 1818.

Tombeau « réparé par le département en reconnaissance de l'administration de M. Le Comte de Chamisso ancien préfet du Lot 1837 »

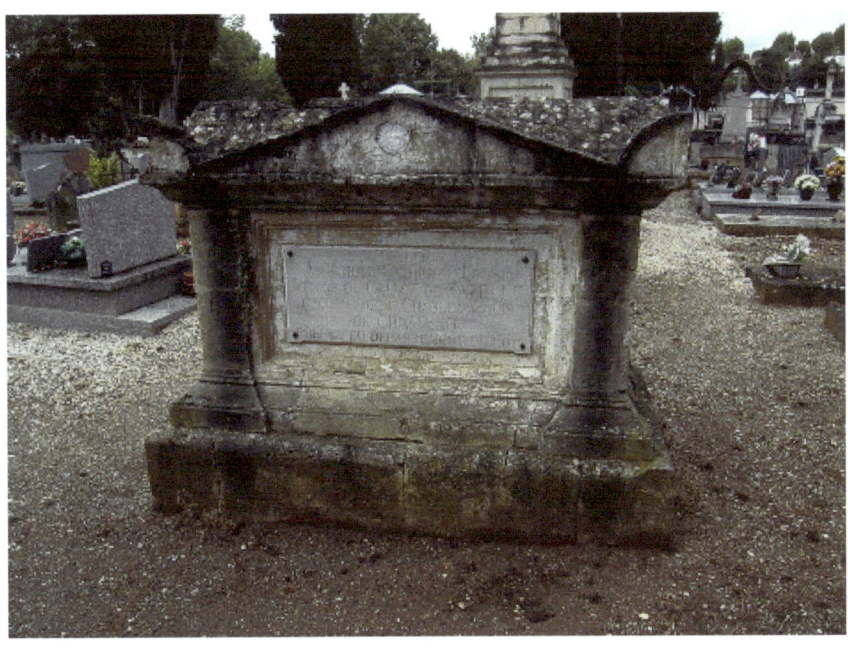

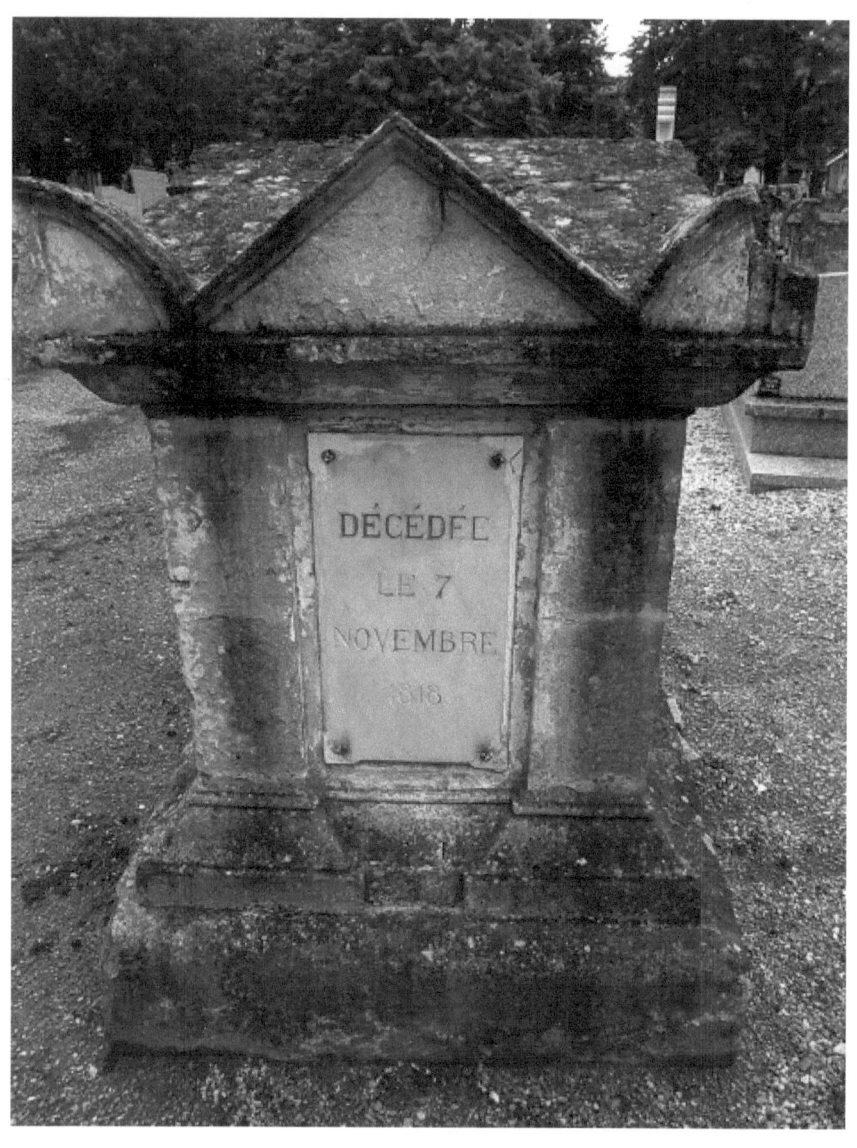

Sujet vu par Milan Kundera...

"*Que les vieux morts cèdent la place aux jeunes morts*", la cinquième nouvelle de "*Risibles amours*" de Milan Kundera, recueil en contenant sept (écrites entre 1959 et 1968), aborde le sujet. Naturellement pas en France mais dans en Tchécoslovaquie communiste. Chez nous pareil inhumanité ne pourrait se produire...

"Son mari (...) était inhumé dans le cimetière de cette petit ville, à la suite d'un vœu bizarre qu'il avait exprimé dans ses dernières volontés. Elle avait donc acquis une concession pour dix ans, et, voici quelques jours, elle avait constaté qu'elle avait oublié de la renouveler et que le délai était écoulé. Elle avait d'abord envisagé d'écrire au bureau du cimetière mais, se souvenant que toute correspondance avec l'administration est une entreprise interminable et vaine, elle était venue.

Bien qu'elle connut par cœur le chemin qui menait à la tombe de son mari, elle avait l'impression, ce jour-là de voir le cimetière pour la première fois. Elle n'arrivait pas à trouver la tombe et croyait s'être égarée. Elle comprit enfin : là où était autrefois un monument en grès avec le nom, en lettres dorées, de son époux, se dressait maintenant (elle fut certain de reconnaître l'endroit aux deux tombes voisines) un monument en marbre noir avec, en lettres dorées, un nom tout à fait inconnu.

Bouleversée, elle se rendit au bureau du cimetière. Là, ils lui dirent qu'à expiration des concessions les tombes étaient automatiquement liquidées. Elle leur reprocha de ne pas l'avoir avertie qu'il fallait renouveler la concession, et ils lui répondirent qu'il y avait peu de place au cimetière et que *les vieux morts devaient céder la place aux plus jeunes*. Elle était indignée et leur dit, réprimant avec peine un sanglot, qu'ils n'avaient ni sens de la dignité humaine ni respect pour autrui, mais elle ne tarda pas à comprendre que la discussion était inutile. De même qu'elle n'avait pu empêcher la mort de son mari, elle était sans défense devant cette deuxième mort, cette mort d'un *vieux mort* qui n'avait même plus droit à une existence de mort.'

Stéphane Ternoise

Né en 1968, il publie depuis 1991. Il est depuis son premier livre éditeur indépendant.

Dès 2004, il a proposé des livres numériques, en PDF. Mais c'est en 2011 seulement que les ventes dématérialisées ont démarré. Son catalogue numérique (depuis mi 2011 distribué par Immateriel) a ainsi rapidement dépassé celui du papier, grâce à des essais, des livres de photos… tout en continuant la lente écriture dans les domaines du théâtre et du roman. Depuis octobre 2013, et son « identifiant fiscal aux États-Unis », son catalogue papier tend à rattraper celui en pixels.
http://www.livrepapier.com ou
http://www.livrepixels.com

Il convient donc, de nouveau, d'aborder l'auteur sous le biais de l'œuvre. Ainsi, pour vous y retrouver, http://www.ecrivain.pro essaye de fournir une vue globale. Et chaque domaine bénéficie de sites au nom approprié :
http://www.romancier.net
http://www.dramaturge.net
http://www.essayiste.net

http://www.lotois.fr

Vous pouvez légitimement vous demander pourquoi un auteur avec un tel catalogue ne bénéficie d'aucune visibilité dans les médias traditionnels. L'écriture est une chose, se faire des amis utiles une autre !

Catalogue (le plus souvent en papier et numérique, parfois uniquement les pixels, le travail de mise en page papier demandant plus de temps que d'heures disponibles)

Romans : (http://www.romancier.net)
Le Roman de la révolution numérique.
Ils ne sont pas intervenus (le livre des conséquences) également en version numérique sous le titre *Peut-être un roman autobiographique*
La Faute à Souchon ? également sous le titre *Le roman du show-biz et de la sagesse (Même les dolmens se brisent)*
Liberté, j'ignorais tant de Toi également sous le titre *Libertés d'avant l'an 2000)*
Viré, viré, viré, même viré du Rmi
Quand les familles sans toit sont entrées dans les maisons fermées

Théâtre : (http://www.theatre.wf)
Théâtre pour femmes
Théâtre peut-être complet
La baguette magique et les philosophes
Quatre ou cinq femmes attendent la star
Avant les élections présidentielles
Les secrets de maître Pierre, notaire de campagne
Deux sœurs et un contrôle fiscal
Ça magouille aux assurances
Pourquoi est-il venu ?
Amour, sud et chansons
Blaise Pascal serait webmaster
Aventures d'écrivains régionaux
Trois femmes et un amour
La fille aux 200 doudous et autres pièces de théâtre pour enfants
« Révélations » sur « les apparitions d'Astaffort » Brel / Cabrel (les secrets de la grotte Mariette)

Photos : (http://www.france.wf)
Montcuq, le village lotois
Cahors, des pierres et des hommes. Photos et commentaires
Limogne-en-Quercy Calvignac la route des dolmens et gariottes
Saint-Cirq-Lapopie, le plus beau village de France ?
Saillac village du Lot
Limogne-en-Quercy cinq monuments historiques cinq dolmens
Beauregard, Dolmens Gariottes Château de Marsa et autres merveilles lotoises
Villeneuve-sur-Lot, des monuments historiques, un salon du livre... -Photos, histoires et opinions
Henri Martin du musée Henri-Martin de Cahors - Avec visite de Labastide-du-Vert et Saint-Cirq-Lapopie sur les traces du peintre
L'église romane de Rouillac à Montcuq et sa voisine oubliée, à découvrir - Les fresques de Rouillac, Touffailles et Saint-Félix

Livres d'artiste (http://www.quercy.pro)
Quercy : l'harmonie du hasard
Lot, livre d'art
Jésus, du Quercy
Les pommes de décembre
La beauté des éoliennes

Essais : (http://www.essayiste.net)
Le manifeste de l'auto-édition - Manifeste politico-littéraire pour la reconnaissance des écrivains indépendants et une saine concurrence entre les différentes formes d'édition
Écrivains, réveillez-vous ? - La loi 2012-287 du 1er mars 2012 et autres somnifères
Le livre numérique, fils de l'auto-édition

Aurélie Filippetti, Antoine Gallimard et les subventions contre l'auto-édition - Les coulisses de l'édition française révélées aux lectrices, lecteurs et jeunes écrivains
Réponses à monsieur Frédéric Beigbeder au sujet du Livre Numérique (Écrivains= moutons tondus ?)
Comment devenir écrivain ? Être écrivain ? (Écrire est-ce un vrai métier ? Une vocation ? Quelle formation ?...)
Amour - état du sentiment et perspectives
Le guide de l'auto-édition numérique en France (Publier et vendre des ebooks en autopublication)
Copie privée, droit de prêt en bibliothèque : vous payez, nous ne touchons pas un centime - Quand la France organise la marginalisation des écrivains indépendants

Chansons : (http://www.parolier.info)
Chansons trop éloignées des normes industrielles
Chansons vertes et autres textes engagés
Chansons d'avant l'an 2000
Parodies de chansons - De Renaud à Cabrel En passant par Cloclo et Jacques Brel

En chti : (http://www.chti.es)
Canchons et cafougnettes (Ternoise chti)
Elle tiote aux deux chints doudous (théâtre)

Politique : (http://www.commentaire.info)
Ce François Hollande qui peut encore gagner le 6 mai 2012 ne le mérite pas
Nicolas Sarkozy : sketchs et Parodies de chansons
Bernadette et Jacques Chirac vus du Lot - Chansons théâtre textes lotois
Affaire Ségolène Royal - Olivier Falorni Ce qu'il faut en retenir pour l'Histoire - Un écrivain engagé, un observateur indépendant
François Fillon, persuadé qu'il aurait battu François Hollande en 2012, qu'il le battra en 2017

Notre vie (http://www.morts.info)
Cahors : Adèle et Marie Borie contre Jean-Marc Vayssouze-Faure - Appel à une mobilisation locale et nationale pour sauver les soeurs Borie...

Jeux de société
http://www.lejeudespistescyclables.com
La France des pistes cyclables - Fabriquer un jeu de société pour enfants de 8 à 108 ans
Le bon chemin pour Saint-Jacques-de-Compostelle

Autres :
La disparition du père Noël et autres contes
J'écris aussi des sketchs
Vive les poules municipales... et les poulets municipaux - Réduire le volume des déchets alimentaires et manger des oeufs de qualité

Œuvres traduites :
La fille aux 200 doudous :
- *The Teddy (Bear) Whisperer* (Kate-Marie Glover) - Das Mädchen mit den 200 Schmusetieren (Jeanne Meurtin)
- Le lion l'autruche et le renard :
- How the fox got his cunning (Kate-Marie Glover)

- Mertilou prépare l'été :
- The Blackbird's Secret (Kate-Marie Glover)

- *La fille aux 200 doudous et autres pièces de théâtre pour enfants (les 6 pièces)*
- La niña de los 200 peluches y otras obras de teatro para niños (María del Carmen Pulido Cortijo)

Table

7	Une société se juge également à sa manière de traiter les morts
10	Dédicace aux mortels
11	La porte Saint-Michel
13	Un sujet difficile à aborder
14	Vous serez ce qu'ils sont... la mairie vous prévient
16	Le cimetière de Cahors
17	Repos éternel, tu parles !
19	Concession 11 nuisible à la décence du cimetière ?
21	Le patrimoine de la région Midi-Pyrénées.
29	Même la légion d'honneur ne protège pas de l'abandon...
32	Le tombeau chapelle n'est pas protégé !
37	Un véritable monument bientôt détruit...
39	C'est beau un cimetière, parfois... monsieur Balzac
52	Concession à perpétuité : les mots ont pourtant un sens
59	Les préconisations du gouvernement
65	Adéle et Marie Borie
70	Les textes de loi

76	Des sangliers dans l'autre cimetière
77	Le terrain...
78	La reprise des concessions abandonnées...
79	Faire changer la loi
80	Avant le changement de la loi
81	Sinon, seules seront préservées...
83	Le bronze fut dérobé, la pierre sera liquidée...
85	Quelles concessions en vente, en France, aujourd'hui, légalement ?
88	Les vraies concessions à perpétuité...
89	Les concessions centenaires
90	Juste un coin de terre...
91	La gagnante est : la femme M. Le Comte de Chamisso ancien préfet du Lot
93	Sujet vu par Milan Kundera...
95	Stéphane Ternoise
102	Mentions légales

Mentions légales

Tous droits de traduction, de reproduction, d'utilisation, d'interprétation et d'adaptation réservés pour tous pays, pour toutes planètes, pour tous univers.

Site officiel : http://www.ecrivain.pro

Dépôt légal à la publication au format ebook du 12 octobre 2012.

Imprimé par CreateSpace, An Amazon.com Company pour le compte de l'auteur-éditeur indépendant.
livrepapier.com

ISBN 978-2-36541-530-9
EAN 9782365415309

La trahison des morts : les concessions à perpétuité discrètement récupérées - Cahors, à l'ombre des remparts médiévaux, les vieux morts doivent laisser la place aux jeunes...
de Stéphane Ternoise
© Jean-Luc PETIT - BP 17 - 46800 Montcuq

www.ingramcontent.com/pod-product-compliance
Lightning Source LLC
Chambersburg PA
CBHW040316220526
45473CB00009B/2460